农村干部教育·农村经济综合管理系列图书

NONGCUN SHIYONG FALÜ FAGUI JIAOCHENG

农村实用法律法规教程

张 凯 郭宏图 主编

化学工业出版社

·北京·

内 容 提 要

《农村实用法律法规教程》以农村实用法律法规为主题，共分为六大部分：第一部分为绪论，介绍了法的概念与法的形式等法学基础知识；第二部分为宪法，讲解了宪法概述和村民委员会组织法等宪法部门法；第三部分为刑法，剖析了刑法的概念与基本原则、犯罪与犯罪构成、刑罚及其运用、农村常见犯罪等实用法律知识；第四部分为民法，探讨了民法概念与基本原则、民事主体、民事法律行为与代理、民事责任与诉讼时效等民法总则基础知识，同时细化了人身权、债权、物权、婚姻法、继承法等民事权利法律知识；第五部分为经济法，分析了土地法、市场管理法、经营主体法、工业产权法、劳动法等经济法律知识；第六部分为诉讼法，阐明了民事诉讼法、刑事诉讼法、行政诉讼法等程序法的基础知识。本教程既包含实体法又包含程序法，既包含法学基础理论又包含实用法律知识，涵盖了我国主要法律部门的农村实用法律法规，可以很好地服务于农业生产和农村生活，服务于党和国家的乡村振兴战略。

本书适用于各级农村干部的法律教育、农村干部群众和农村群众性自治组织成员学习使用，也可作为各类职业院校涉农专业的教材，以及农民创业和农村发展带头人的培训教材。

图书在版编目（CIP）数据

农村实用法律法规教程/张凯，郭宏图主编 . —北京：
化学工业出版社，2020.10（2023.9重印）
（农村干部教育·农村经济综合管理系列图书）
ISBN 978-7-122-36923-9

Ⅰ.①农… Ⅱ.①张…②郭… Ⅲ.①法律-中国-
干部教育-教材 Ⅳ.①D920.4

中国版本图书馆 CIP 数据核字（2020）第 081555 号

责任编辑：迟 蕾 李植峰　　文字编辑：刘 璐 陈小滔
责任校对：杜杏然　　　　　　装帧设计：刘丽华

出版发行：化学工业出版社（北京市东城区青年湖南街 13 号　邮政编码 100011）
印　　装：北京捷迅佳彩印刷有限公司
710mm×1000mm　1/16　印张 12¾　字数 204 千字　2023 年 9 月北京第 1 版第 3 次印刷

购书咨询：010-64518888　　　　售后服务：010-64518899
网　　址：http://www.cip.com.cn
凡购买本书，如有缺损质量问题，本社销售中心负责调换。

定　　价：39.80 元

《农村实用法律法规教程》 编写人员

主　编　　张　凯　郭宏图

副主编　　耿鸿玲　梁　岩　许贵芳　唐巍巍

编　者　　（按姓名汉语拼音排序）

　　　　　　陈　啸　耿鸿玲　郭宏图　黄盼盼　梁　岩

　　　　　　刘　涵　唐巍巍　王　艳　许贵芳　张　凯

——➤➤➤ 前 言

　　本教程是为了适应乡村振兴战略背景下农村干部法律教育的需要，适应农民创业及农村发展带头人培训以及农村干部群众学习法律知识的需要，由从事农村法律法规课程教学的专业课教师在总结多年来丰富教学经验的基础上编写而成的。

　　为了突出实用性的基本特点，本教程内容既涵盖我国法律体系的主要法律部门，又贴近新时代农村社会发展的实际；既保证法律知识的专业和实用，又体现文字表现上的通俗和简练；既采用最新的法律法规及研究成果，又结合生动鲜活的现实案例。本书力求做到既全面又实际，既专业又通俗，既新颖又生动，以便广大读者看得懂、学得会、用得上。

　　本教程编写过程中由张凯、郭宏图任主编，耿鸿玲、梁岩、许贵芳、唐巍巍任副主编，陈啸、黄盼盼、刘涵、王艳也参加了部分内容的编写。本教程适用于各级农村干部的法律教育、农村干部群众和农村群众性自治组织成员学习使用，可作为各类职业院校涉农专业教材，以及农民创业和农村发展带头人培训教材。

　　由于编者水平有限，书中难免存在疏漏与不足之处，欢迎广大读者批评指正，以便进一步修订完善。

编者

2020 年 3 月

$\longrightarrow$ **目 录**

绪 论

一、法的概念

1. 法的语义分析

法字古代写作"灋",由氵、廌、去三部分组成。"灋"中的"廌",是中国古代神话传说中的神兽,体形大者如牛,小者如羊,类似麒麟,全身长着浓密黝黑的毛,双目明亮有神,额上通常长一角。当人们发生冲突或纠纷的时候,"廌"能用角指向无理的人,甚至用角将罪该致死的人顶死。

"灋",从水、从廌、从去,水代表了公平、廌代表了正直、去代表了惩处。正如东汉许慎所著《说文解字》对"灋"字的解释:"刑也,平之如水,从水;廌,所以触不直者去之,从去"。"灋"字被人们简化成了"法"字后,"廌"字被省掉,但表明平之若水、惩恶扬善的"水"和"去"仍然保留,构成了"法"字不可或缺的组成部分。

中华人民共和国成立以来,特别是在新时代中国特色社会主义建设的今天,全面依法治国已成为社会共识,建设社会主义法治国家已成为国家战略目标。法越来越多地渗透到了我们的工作、学习和生活中,法治思想越来越深入人心,法律事务越来越多、层出不穷。透过纷繁复杂、各式各样的法的现象,我们将法定义为:由国家制定或者认可,以权利和义务为内容,依靠国家强制力保证实施的调整人们行为的社会规范体系。

2. 法的特征

(1) 法是调整人的行为的社会规范

法是一种特殊的社会规范,它规定人可以这样行为、应该这样行为或不应该这样行为，从而为人的行为提供一个模式、标准或方向，对人的行为起到指引、评价、预测、教育、强制等作用。实现了法的规范性的调整，人的行为才更符合社会正常运转和不断发展的要求，正所谓"没有规矩，不成方圆"。

(2) 法是国家制定或者认可的社会规范

国家制定法律，是指国家的立法机关，依据一定的立法程序直接创制法律。我国绝大多数法律规范都是国家立法机关直接创制的。国家认可法律，是指国家的立法机关，对已经存在的道德规范、交易习惯等加以确认并赋予法律效力而成为法律规范。如《中华人民共和国民法总则》第十条："处理民事纠纷，应当依照法律；法律没有规定的，可以适用习惯，但是不得违背公序良俗。"

(3) 法是以权利和义务为内容的社会规范

法律上的权利，是指法律主体拥有实施某种行为或要求他人实施某种行为的职权，可以自由选择和自主决定。如《中华人民共和国宪法》第三十五条："中华人民共和国公民有言论、出版、集会、结社、游行、示威的自由。"法律上的义务，是指法律主体必须这样行为或不这样行为的责任。如《中华人民共和国宪法》第五十二条："中华人民共和国公民有维护国家统一和全国各民族团结的义务。"法律上的权利和义务是密不可分、唇齿相依的，没有无义务的权利，也没有无权利的义务。

(4) 法是依靠国家强制力保证实施的社会规范

法以国家强制力保证实施，体现的是法对违法行为实施的法律制裁。根据违法行为的类型不同，对违法行为的制裁包括对民事违法行为的制裁，如返还财产、赔偿损失、赔礼道歉等；对行政违法行为的制裁，如警告、罚款和行政拘留等；对刑事违法行为的制裁，如有期徒刑、无期徒刑、死刑等。民事、行政、刑事违法行为的制裁都可以依法强制执行，使法律制裁落到实处以体现国家强制力。

二、法的形式

1. 法的渊源

法的渊源，是指法的来源或源头，是指法的外在表现形式。在不同的历史时期或者不同的社会类型，法的渊源有所不同。在当代中国，法的渊源主要表现为以宪法、法律为代表的成文法形式，从属表现为以习惯、判例为代表的不成文法形式。本节介绍的法的成文法渊源，包括宪法、法律、行政法规、地方性法规、自治法规等。

（1）宪法

宪法在法的渊源体系中居于最高的、核心的地位，是国家的根本大法。从程序上看，宪法修改权由最高国家权力机关即全国人民代表大会才能行使，并且宪法的修改由全国人民代表大会常务委员会或者五分之一以上的全国人民代表大会代表提议，并由全国人民代表大会以全体代表的三分之二以上的多数通过。从内容上看，宪法规定的是国家性质、经济制度和政治制度、公民的基本权利和义务、国家机构等根本性、全局性的内容。从效力上看，宪法是我国的根本大法，在我国法律体系中具有最高的法律地位和法律效力。

（2）法律

法律，是指由全国人民代表大会和全国人民代表大会常务委员会制定的规范性法律文件，其法律效力仅次于宪法。法律中的调整国家和社会生活中带有普遍性社会关系的基本法律，如刑法、民法、国家机构法等法律，由全国人民代表大会制定。法律中的调整国家和社会生活中某种具体社会关系或某一方面内容的非基本法律，如商标法、专利法等，由全国人民代表大会常务委员会制定。

（3）行政法规

行政法规是最高国家行政机关国务院，根据执行法律规定的需要，或者国务院行政管理职权的事项，或者根据全国人民代表大会及其常务委员会的授权制定的规范性法律文件。其法律地位和法律效力仅次于宪法和法律，但高于地方性法规，在中国法的渊源体系中具有承上启下的桥梁作用。

（4）地方性法规

地方性法规，是指为执行法律、行政法规的规定或者属于地方性事务需要，依法由有立法权的地方人民代表大会及其常务委员会在不同宪法、法律、行政法规相抵触的前提下制定的规范性法律文件。省、自治区、直辖市的人民代表大会及其常务委员会，在不同宪法、法律、行政法规相抵触的前提下，可以制定地方性法规，报全国人民代表大会常务委员会和国务院备案。设区的市、自治州的人民代表大会和它们的常务委员会，在不同宪法、法律、行政法规和本省、自治区的地方性法规相抵触的前提下，可以依照法律规定制定地方性法规，报本省、自治区人民代表大会常务委员会批准后施行。地方性法规在本行政区域的范围内有效。

（5）自治法规

自治法规是民族自治地方的人民代表大会依照当地民族的政治、经济和文化的特点制定的自治条例和单行条例等规范性法律文件。自治区的自治条例和单行条例，报全国人民代表大会常务委员会批准后生效；自治州、自治县的自治条例和单行条例，报省、自治区、直辖市的人民代表大会常务委员会批准后生效，并报全国人民代表大会常务委员会和国务院备案。自治条例和单行条例可以依照当地民族的特点，对法律和行政法规的规定作出变通规定，但不得违背法律或者行政法规的基本原则，不得对宪法和民族区域自治法的规定以及其他有关法律、行政法规专门就民族自治地方所作的规定作出变通规定。

（6）行政规章

行政规章分为国务院部门规章和地方政府规章。国务院部门规章，是指国务院各部、委员会、中国人民银行、审计署和具有行政管理职能的直属机构，在本部门的权限范围内制定的执行法律或者国务院的行政法规、决定、命令的规范性法律文件。部门规章的地位低于宪法、法律、行政法规，不得与它们相抵触。地方政府规章，是指省、自治区、直辖市和设区的市、自治州的人民政府，为执行法律、行政法规、地方性法规的规定以及处理属于本行政区域的具体行政管理事项制定的规范性法律文件。政府规章除不得与宪法、法律、行政法规相抵触外，还不得与上级和同级地方性法规相抵触。

（7）国际条约

国际条约指两个或两个以上国家或国际组织间缔结的确定其相互关系

中权利和义务的各种协议，是国际间相互交往的一种最普遍的法的形式。国际条约不仅包括以条约为名称的协议，也包括国际法主体间形成的宪章、公约、盟约、规约、专约、协定、议定书、换文、公报、联合宣言、最后决议书。国际条约本属国际法范畴，但对缔结或加入条约的国家的国家机关、公职人员、社会组织和公民也有法的约束力。

2. 法律体系

法律体系，是指一个国家全部现行法律规范按照不同的法律部门分类组合而形成的有机联系的统一整体。中国特色社会主义的法律体系，是由宪法及宪法相关法、刑法、民商法、行政法、经济法、社会法、诉讼法等多个法律部门组成的有机统一整体。

(1) 宪法及宪法相关法

宪法是中国特色社会主义法律体系的统帅，是国家的根本法，在中国特色社会主义法律体系中居于统帅地位，是国家长治久安、民族团结、经济发展、社会进步的根本保障。宪法相关法是与宪法相配套、直接保障宪法实施和国家政权运作等方面的法律规范，包括国家机关组织法、民族区域自治法、特别行政区基本法、村民委员会组织法、城市居民委员会组织法等法律。

(2) 刑法

刑法是规定犯罪与刑罚的法律规范。刑法通过规范国家的刑罚权，惩罚犯罪，保护人民，维护社会秩序和公共安全，保障国家安全。刑法主要包括刑法典、十个刑法修正案等法律。

(3) 民商法

民法是调整平等主体的自然人、法人和非法人组织之间的人身关系和财产关系的法律规范，遵循民事主体地位平等、意思自治、公平、诚实信用等基本原则。商法调整商事主体之间的商事关系，遵循民法的基本原则，同时秉承保障商事交易自由、等价有偿、便捷安全等原则。我国采取民商合一的法律模式，民商法主要包括民法总则、合同法、物权法、农村土地承包法、侵权责任法、婚姻法、收养法、继承法、公司法、合伙企业法、个人独资企业法、农民专业合作社法、证券法、票据法、保险法等法律。

(4) 行政法

行政法是关于行政权的授予和行使以及对行政权监督的法律规范。行政法调整行政机关与行政管理相对人之间因行政管理活动发生的关系，既保障行政机关依法行使职权，又注重保障公民、法人和其他组织的权利。行政法主要包括行政处罚法、行政复议法、行政许可法、行政强制法、治安管理处罚法、公务员法等法律。

(5) 经济法

经济法是调整国家对经济活动实行干预、管理或者调控所产生的社会经济关系的法律规范。经济法为国家对市场经济进行适度干预和宏观调控提供法律手段和制度框架，防止市场经济的自发性和盲目性所导致的弊端。经济法主要包括中国人民银行法、商业银行法、企业所得税法、个人所得税法、反不正当竞争法、消费者权益保护法、产品质量法等法律。

(6) 社会法

社会法是调整劳动关系、社会保障、社会福利和特殊群体权益保障等方面的法律规范。社会法遵循公平和谐和国家适度干预原则，通过国家和社会积极履行责任，维护社会公平，促进社会和谐。社会法主要包括劳动法、劳动合同法、就业促进法、劳动争议调解仲裁法、社会保险法、未成年人保护法、妇女权益保障法、老年人权益保障法、预防未成年人犯罪法等法律。

(7) 诉讼法

诉讼法是规范解决社会纠纷的诉讼活动的法律规范。诉讼法作为程序法是实体法的实现形式，是人民权利实现的重要保障，保证了实体法的公正实施。诉讼法主要包括刑事诉讼法、民事诉讼法、行政诉讼法、仲裁法、劳动争议调解仲裁法、农村土地承包经营纠纷调解仲裁法等法律。

上述法律部门涵盖了社会关系的各个方面，既相互区别又辩证统一，构成了完整的中国特色社会主义法律体系，为依法治国、建设社会主义法治国家提供了坚实的基础。为了体现适合农村、简单实用的原则，编者对法律体系内容进行了适当合理地变通，以希望更好地呈现在读者的面前。

第一章

>>>>>>>>

宪 法

第一节 宪法概述

宪法是国家的根本大法，拥有最高的法律效力，具有最高的法律地位。中华人民共和国成立后，先后于 1954 年、1975 年、1978 年和 1982 年通过四部宪法，分别称之为"五四宪法"、"七五宪法"、"七八宪法"、"八二宪法"。我国现行宪法为 1982 年宪法，它规定了国家的根本制度，规定了公民的基本权利和义务，规定了国家机构等内容，由第五届全国人民代表大会第五次会议于 1982 年 12 月 4 日通过，至今历经了 1988 年、1993 年、1999 年、2004 年、2018 年的五次修订。

一、国家制度

1. 国家性质

中华人民共和国是工人阶级领导的、以工农联盟为基础的人民民主专政的社会主义国家。社会主义制度是中华人民共和国的根本制度。中国共产党领导是中国特色社会主义最本质的特征。

2. 政治制度

中华人民共和国的一切权力属于人民，人民行使国家权力的机关是全国人民代表大会和地方各级人民代表大会。国家行政机关、监察机关、审判机关、检察机关都由人民代表大会产生，对它负责，受它监督。各级人民代表大会都由民主选举产生，对人民负责，受人民监督。

3. 经济制度

中华人民共和国的社会主义经济制度的基础是生产资料的社会主义公有制，即全民所有制和劳动群众集体所有制，实行各尽所能、按劳分配的原则。国家在社会主义初级阶段，坚持公有制为主体、多种所有制经济共同发展的基本经济制度，坚持按劳分配为主体、多种分配方式并存的分配制度。

4. 文化制度

国家发展社会主义的教育事业，提高全国人民的科学文化水平。国家发展自然科学和社会科学事业，发展文学艺术、新闻广播电视、图书馆文化馆等文化事业。国家倡导社会主义核心价值观，普及理想教育、道德教育、文化教育、纪律和法制教育，加强社会主义精神文明的建设。

5. 法治制度

中华人民共和国实行依法治国，建设社会主义法治国家。国家维护社会主义法制的统一和尊严。一切法律、行政法规和地方性法规都不得同宪法相抵触。一切国家机关和武装力量、各政党和各社会团体、各企业事业组织都必须遵守宪法和法律。一切违反宪法和法律的行为，必须予以追究。任何组织或者个人都不得有超越宪法和法律的特权。

二、公民的基本权利和基本义务

1. 公民的基本权利

（1）平等权

平等权，是指公民依法享有权利和履行义务，不受任何差别对待，要求国家同等保护的权利。《中华人民共和国宪法》规定："中华人民共和国公民在法律面前一律平等。国家尊重和保障人权。任何公民享有宪法和法律规定的权利，同时必须履行宪法和法律规定的义务。"

案例：张某于 2013 年 6 月在某市人事局报名参加省公务员考试，其笔试和面试成绩均名列第一，按规定进入了体检程序。但在其后的体检中张某被检查出感染了乙肝病毒。9 月 25 日，该市人事局依据本省国家公务员体检标准宣布张某因体检不合格不予录用。

　　分析： 本案该市人事局侵犯了张某享有的宪法上规定的平等权。该市人事局根据张某是乙肝病毒携带者，而不是根据张某的考试成绩和工作能力剥夺他的录取资格，这就是对整个乙肝病毒携带者群体在报考公务员时的歧视，侵犯了公民的平等权。

（2）政治权利和自由

　　政治权利和自由，是指公民依法享有的参加国家政治生活的权利和自由。《中华人民共和国宪法》规定："中华人民共和国年满十八周岁的公民，不分民族、种族、性别、职业、家庭出身、宗教信仰、教育程度、财产状况、居住期限都有选举权和被选举权；但是依照法律被剥夺政治权利的人除外。中华人民共和国公民有言论、出版、集会、结社、游行、示威的自由。"

（3）宗教信仰自由

　　宗教信仰自由，是指公民依据内心的信念，自愿地信仰宗教的自由。《中华人民共和国宪法》规定："中华人民共和国公民有宗教信仰自由。任何国家机关、社会团体和个人不得强制公民信仰宗教或者不信仰宗教，不得歧视信仰宗教的公民和不信仰宗教的公民。国家保护正常的宗教活动。任何人不得利用宗教进行破坏社会秩序、损害公民身体健康、妨碍国家教育制度的活动。宗教团体和宗教事务不受国外势力的支配。"

（4）人身自由

　　人身自由作为公民的基本权利，不仅包括公民的身体自由不受侵犯，即公民享有不受非法拘禁、逮捕、收查和侵害的权利，还包括与人身紧密联系的人格尊严和公民住宅不受侵犯，公民的通信自由和通信秘密受法律保护等。具体内容如下：

　　中华人民共和国公民的人身自由不受侵犯。任何公民，非经人民检察院批准或者决定或者人民法院决定，并由公安机关执行，不受逮捕。禁止非法拘禁和以其他方法非法剥夺或者限制公民的人身自由，禁止非法搜查公民的身体。

中华人民共和国公民的人格尊严不受侵犯。禁止用任何方法对公民进行侮辱、诽谤和诬告陷害。中华人民共和国公民的住宅不受侵犯。禁止非法搜查或者非法侵入公民的住宅。

中华人民共和国公民的通信自由和通信秘密受法律的保护。除因国家安全或者追查刑事犯罪的需要，由公安机关或者检察机关依照法律规定的程序对通信进行检查外，任何组织或者个人不得以任何理由侵犯公民的通信自由和通信秘密。

(5) 监督权和取得赔偿权

监督权，是指宪法赋予公民监督国家机关及其工作人员活动的权利，是公民作为国家管理活动的相对方对抗国家机关及其工作人员违法失职行为的权利，包括批评权、建议权、申诉权、控告权、检举权。具体内容是：中华人民共和国公民对于任何国家机关和国家工作人员，有提出批评和建议的权利；对于任何国家机关和国家工作人员的违法失职行为，有向有关国家机关提出申诉、控告或者检举的权利，但是不得捏造或者歪曲事实进行诬告陷害。对于公民的申诉、控告或者检举，有关国家机关必须查清事实，负责处理。任何人不得压制和打击报复。

取得赔偿权，是指公民的合法权益因国家机关或者国家机关工作人员违法行使职权而受到侵害的，公民有要求国家赔偿的权利。《中华人民共和国宪法》规定："由于国家机关和国家工作人员侵犯公民权利而受到损失的人，有依照法律规定取得赔偿的权利。"

(6) 社会经济权利

社会经济权利，是指公民在经济生活和物质利益方面享有的权利，包括公民的财产权、劳动权、休息权、生活保障权、获得物质帮助权等，具体内容如下。

中华人民共和国公民有劳动的权利和义务。国家通过各种途径，创造劳动就业条件，加强劳动保护，改善劳动条件，并在发展生产的基础上，提高劳动报酬和福利待遇。劳动是一切有劳动能力的公民的光荣职责。国有企业和城乡集体经济组织的劳动者都应以主人翁的态度对待自己的劳动。国家提倡社会主义劳动竞赛，奖励劳动模范和先进工作者。国家提倡公民从事义务劳动。

中华人民共和国劳动者有休息的权利。国家发展劳动者休息和休养的设施，规定职工的工作时间和休假制度。

国家依照法律规定实行企业事业组织的职工和国家机关工作人员的退休制度，退休人员的生活受到国家和社会的保障。

中华人民共和国公民在年老、疾病或者丧失劳动能力的情况下，有从国家和社会获得物质帮助的权利。国家发展为公民享受这些权利所需要的社会保险、社会救济和医疗卫生事业。

（7）文化教育权

文化教育权，是指公民有受教育权以及进行科学研究、文学艺术创作和其他文化活动的自由。《中华人民共和国宪法》规定："中华人民共和国公民有受教育的权利和义务。国家培养青年、少年、儿童在品德、智力、体质等方面全面发展。中华人民共和国公民有进行科学研究、文学艺术创作和其他文化活动的自由，国家对于从事教育、科学、技术、文学、艺术和其他文化事业的公民的有益于人民的创造性工作，给以鼓励和帮助。"

案例： 原告齐某与被告之一陈某都是初中学生，齐某在当年的统一招生考试中取得了超过委培生录取分数线的成绩。某商业学校给齐某发出录取通知书，由其所在中学转交。陈某从学校领取齐某的录取通知书，并在其父亲陈某某的策划下，运用各种手段，以齐某的名义到该商业学校就读直至毕业。毕业后，陈某仍然使用齐某的姓名，在某银行支行工作。

分析： 在本案中，陈某父女、商业学校、该中学、市教委以侵犯姓名权的手段侵犯齐某受教育的基本权利。齐某以陈某父女、商业学校、该中学、市教委为被告起诉至市中级人民法院，上诉至省高级人民法院。省高级人民法院应齐某请求，认为陈某父女、商业学校、该中学、市教委等被告应承担侵犯其姓名权、受教育权的法律责任的理由正当，应予支持，进行了民事判决。

（8）特定主体权利

特定主体权利，是指特定群体依法享有的受到特别保护的权利，主要包括妇女、儿童、老人、华侨等分别享有的权利。具体内容如下：

国家保护妇女的权利和利益，妇女在政治的、经济的、文化的、社会的和家庭的生活等各方面享有同男子平等的权利。

婚姻、家庭、母亲和儿童受国家的保护。禁止破坏婚姻自由，禁止虐待老人、妇女和儿童。

中华人民共和国保护华侨的正当的权利和利益，保护归侨和侨眷的合法的权利和利益。

2. 公民的基本义务

中华人民共和国公民有维护国家统一和全国各民族团结的义务。中华人民共和国公民必须遵守宪法和法律，保守国家秘密，爱护公共财产，遵守劳动纪律，遵守公共秩序，尊重社会公德。中华人民共和国公民有维护祖国的安全、荣誉和利益的义务，不得有危害祖国的安全、荣誉和利益的行为。保卫祖国、抵抗侵略是中华人民共和国每一个公民的神圣职责。依照法律服兵役和参加民兵组织是中华人民共和国公民的光荣义务。中华人民共和国公民有依照法律纳税的义务。

三、国家机构

国家机构是国家为实现其职能而建立起来的一整套国家机关体系的总称。中国的国家机构包括全国人民代表大会、中华人民共和国主席、国务院、中央军事委员会、地方各级人民代表大会和地方各级人民政府、民族自治地方的自治机关；监察委员会、人民法院和人民检察院。

1. 全国人民代表大会

中华人民共和国全国人民代表大会是最高国家权力机关。全国人民代表大会每届任期五年。全国人民代表大会和全国人民代表大会常务委员会行使国家立法权。全国人民代表大会会议每年举行一次，由全国人民代表大会常务委员会召集。如果全国人民代表大会常务委员会认为必要，或者有五分之一以上的全国人民代表大会代表提议，可以临时召集全国人民代表大会会议。

2. 中华人民共和国主席

中华人民共和国主席、副主席由全国人民代表大会选举，每届任期同全国人民代表大会每届任期相同。中华人民共和国副主席协助主席工作，受主席的委托可以代行主席的部分职权。

3. 国务院

中华人民共和国国务院，即中央人民政府，是最高国家权力机关的执行机关，是最高国家行政机关。国务院实行总理负责制，对全国人民代表大会负责并报告工作；在全国人民代表大会闭会期间，对全国人民代表大会常务委员会负责并报告工作。国务院每届任期同全国人民代表大会每届任期相同，总理、副总理、国务委员连续任职不得超过两届。

4. 中央军事委员会

中华人民共和国中央军事委员会领导全国武装力量。中央军事委员会实行主席负责制。中央军事委员会主席对全国人民代表大会和全国人民代表大会常务委员会负责。中央军事委员会每届任期同全国人民代表大会每届任期相同。

5. 地方各级人民代表大会和地方各级人民政府、民族自治地方的自治机关

（1）地方各级人民代表大会和地方各级人民政府

省、直辖市、县、市、市辖区、乡、民族乡、镇设立人民代表大会。地方各级人民代表大会是地方国家权力机关，每届任期五年。县级以上的地方各级人民代表大会设立常务委员会。

省、直辖市、县、市、市辖区、乡、民族乡、镇设立人民政府，是地方各级国家权力机关的执行机关，是地方各级国家行政机关。地方各级人民政府实行省长、市长、县长、区长、乡长、镇长负责制，每届任期同本级人民代表大会每届任期相同。城市和农村按居民居住地区设立的居民委员会或者村民委员会是基层群众性自治组织。

（2）民族自治地方的自治机关

民族自治地方的自治机关是自治区、自治州、自治县的人民代表大会和人民政府。民族自治地方的人民代表大会有权依照当地民族的政治、经济和文化的特点，制定自治条例和单行条例。自治区、自治州、自治县的人民代表大会常务委员会中应当有实行区域自治的民族的公民担任主任或者副主任。自治区主席、自治州州长、自治县县长由实行区域自治的民族

的公民担任。

6. 监察委员会、人民法院、人民检察院

（1）监察委员会

中华人民共和国设立国家监察委员会和地方各级监察委员会，是国家的监察机关。国家监察委员会对全国人民代表大会和全国人民代表大会常务委员会负责。地方各级监察委员会对产生它的国家权力机关和上一级监察委员会负责。监察委员会主任每届任期同本级人民代表大会每届任期相同。国家监察委员会主任连续任职不得超过两届。

（2）人民法院

中华人民共和国人民法院是国家的审判机关。中华人民共和国设立最高人民法院、地方各级人民法院和军事法院等专门人民法院。最高人民法院对全国人民代表大会和全国人民代表大会常务委员会负责。地方各级人民法院对产生它的国家权力机关负责。最高人民法院院长每届任期同全国人民代表大会每届任期相同，连续任职不得超过两届。

（3）人民检察院

中华人民共和国人民检察院是国家的法律监督机关。最高人民检察院对全国人民代表大会和全国人民代表大会常务委员会负责。地方各级人民检察院对产生它的国家权力机关和上级人民检察院负责。中华人民共和国设立最高人民检察院、地方各级人民检察院和军事检察院等专门人民检察院。最高人民检察院检察长每届任期同全国人民代表大会每届任期相同，连续任职不得超过两届。

第二节 村民委员会组织法

一、村民委员会的性质和职责

1. 村民委员会的性质

村民委员会根据村民居住状况、人口多少，按照便于群众自治，有利

于经济发展和社会管理的原则设立。村民委员会可以根据村民居住状况、集体土地所有权关系等分设若干村民小组。

村民委员会是村民自我管理、自我教育、自我服务的基层群众性自治组织，实行民主选举、民主决策、民主管理、民主监督。

村民委员会办理本村的公共事务和公益事业，调解民间纠纷，协助维护社会治安，向人民政府反映村民的意见、要求和提出建议。村民委员会向村民会议、村民代表会议负责并报告工作。村民委员会协助乡、民族乡、镇的人民政府开展工作。

2. 村民委员会的组成

村民委员会由主任、副主任和委员共三至七人组成。村民委员会成员中，应当有妇女成员，多民族村民居住的村应当有人数较少的民族的成员。对村民委员会成员，根据工作情况，给予适当补贴。

村民委员会根据需要设人民调解、治安保卫、公共卫生与计划生育等委员会。村民委员会成员可以兼任下属委员会的成员。人口少的村的村民委员会可以不设下属委员会，由村民委员会成员分工负责人民调解、治安保卫、公共卫生与计划生育等工作。

村民委员会主任、副主任和委员，由村民直接选举产生。任何组织或者个人不得指定、委派或者撤换村民委员会成员。村民委员会每届任期五年，届满应当及时举行换届选举。村民委员会成员可以连选连任。

3. 村民委员会的职责

村民委员会应当支持和组织村民依法发展合作经济和其他经济，承担本村生产的服务和协调工作，促进农村生产建设和经济发展。村民委员会依照法律规定管理本村属于村农民集体所有的土地和其他财产，引导村民合理利用自然资源，保护和改善生态环境。村民委员会应当尊重并支持集体经济组织依法独立进行经济活动的自主权，维护以家庭承包经营为基础、统分结合的双层经营体制，保障集体经济组织和村民、承包经营户、联户或者合伙的合法财产权和其他合法权益。

村民委员会宣传宪法、法律、法规和国家的政策，教育和推动村民履行法律规定的义务、爱护公共财产，维护村民的合法权益，发展文化教育，普及科技知识，促进男女平等，做好计划生育工作，促进村与村之间的团结、互助，开展多种形式的社会主义精神文明建设活动。村民委员会应当支持服务性、公益性、互助性社会组织依法开展活动，推动农村社区建设。多民族村民居住的村，村民委员会应当教育和引导各民族村民增进团结、互相尊重、互相帮助。

村民委员会及其成员应当遵守宪法、法律、法规和国家的政策，遵守并组织实施村民自治章程、村规民约，执行村民会议、村民代表会议的决定、决议，办事公道，廉洁奉公，热心为村民服务，接受村民监督。

二、村民会议和村民代表会议

1. 村民会议

召开村民会议，应当有本村十八周岁以上村民的过半数，或者本村三分之二以上的户的代表参加，村民会议所做决定应当经到会人员的过半数通过。法律对召开村民会议及作出决定另有规定的，依照其规定。召开村民会议，根据需要可以邀请驻本村的企业、事业单位和群众组织派代表列席。

村民会议审议村民委员会的年度工作报告，评议村民委员会成员的工作；有权撤销或者变更村民委员会不适当的决定；有权撤销或者变更村民代表会议不适当的决定；可以制定和修改村民自治章程、村规民约，并报乡、民族乡、镇的人民政府备案。

涉及村民利益的事项经村民会议讨论决定方可办理，具体包括：①本村享受误工补贴的人员及补贴标准；②从村集体经济所得收益的使用；③本村公益事业的兴办和筹资筹劳方案及建设承包方案；④土地承包经营方案；⑤村集体经济项目的立项、承包方案；⑥宅基地的使用方案；⑦征地补偿费的使用、分配方案；⑧以借贷、租赁或者其他方式处分村集体财产；⑨村民会议认为应当由村民会议讨论决定的涉及村民利益的其他事项。法律对讨论决定村集体经济组织财产和成员权益的事项另有规定的，依照其规定。

案例： 2012 年 12 月 20 日，某村村民委员会组织召开村民代表会议，专门讨论果园发包一事，但会议未能就果园承包期限、竞标底价等问题达成一致意见，代表们也未在会议记录上签字。2013 年 1 月 5 日，村委会张贴招标广告，明示将果园发包，并确定发包底价及期限。1 月 8 日村委会又召开村民会议，但发包方案未被村民通过。村委会于 1 月

19 日与他人签订了 4 份承包合同，将果园全部发包。村民不服，要求收回果园，请对该案例进行分析。

　　分析：村委会与他人签订的 4 份果树承包合同无效。村委会与他人签订果树承包合同，既未在村民代表会议上与村民代表形成一致意见，又未在村民代表会议上通过村委会公告的发包方案，发包程序不符合法律规定。

2. 村民代表会议

　　人数较多或者居住分散的村，可以设立村民代表会议，讨论决定村民会议授权的事项。村民代表会议由村民委员会成员和村民代表组成，村民代表应当占村民代表会议组成人员的五分之四以上，妇女村民代表应当占村民代表会议组成人员的三分之一以上。村民代表由村民按每五户至十五户推选一人，或者由各村民小组推选若干人。

　　村民代表会议由村民委员会召集。村民代表会议每季度召开一次。有五分之一以上的村民代表提议，应当召集村民代表会议。村民代表会议有三分之二以上的组成人员参加方可召开，所做决定应当经到会人员的过半数同意。

　　村民代表会议根据村民会议的授权，可以审议村民委员会的年度工作报告，评议村民委员会成员的工作，撤销或者变更村民委员会不适当的决定。

3. 村民小组会议

　　召开村民小组会议，应当有本村民小组十八周岁以上的村民三分之二以上，或者本村民小组三分之二以上的户的代表参加，所做决定应当经到会人员的过半数同意。村民小组组长由村民小组会议推选。村民小组组长任期与村民委员会的任期相同，可以连选连任。

　　属于村民小组的集体所有的土地、企业和其他财产的经营管理以及公益事项的办理，由村民小组会议依照有关法律的规定讨论决定，所做决定及实施情况应当及时向本村民小组的村民公布。

三、村民委员会工作制度

1. 村务公开

　　村民委员会应当及时公布下列事项，接受村民的监督：①由村民会议、村民代表会议讨论决定的事项及其实施情况；②国家计划生育政策的落实方案；③政府拨付和接受社会捐赠的救灾救助、补贴补助等资金、物资的管理使用情况；④村民委员会协助人民政府开展工作的情况；⑤涉及本村村民利益，村民普遍关心的其他事项。

应当公布的一般事项至少每季度公布一次，集体财务往来较多的财务收支情况应当每月公布一次，涉及村民利益的重大事项应当随时公布。村民委员会应当保证所公布事项的真实性，并接受村民的查询。

2. 村务监督与民主评议

（1）村务监督

村应当建立村务监督委员会或者其他形式的村务监督机构，负责村民民主理财，监督村务公开等制度的落实，其成员由村民会议或者村民代表会议在村民中推选产生，其中应有具备财会、管理知识的人员。村民委员会成员及其近亲属不得担任村务监督机构成员。村务监督机构成员向村民会议和村民代表会议负责，可以列席村民委员会会议。

（2）民主评议

村民委员会成员以及由村民或者村集体承担误工补贴的聘用人员，应当接受村民会议或者村民代表会议对其履行职责情况的民主评议。民主评议每年至少进行一次，由村务监督机构主持。村民委员会成员连续两次被评议不称职的，其职务终止。

3. 村务档案与责任审计

（1）村务档案

村民委员会和村务监督机构应当建立村务档案。村务档案包括选举文件和选票，会议记录，土地发包方案和承包合同，经济合同，集体财务账目，集体资产登记文件，公益设施基本资料，基本建设资料，宅基地使用方案，征地补偿费使用及分配方案等。村务档案应当真实、准确、完整、规范。

（2）责任审计

村民委员会成员实行任期和离任经济责任审计，审计包括以下事项。

①本村财务收支情况；②本村债权债务情况；③政府拨付和接受社会捐赠的资金、物资管理使用情况；④本村生产经营和建设项目的发包管理以及公益事业建设项目招标投标情况；⑤本村资金管理使用以及本村集体资产、资源的承包、租赁、担保、出让情况，征地补偿费的使用、分配情况；⑥本村五分之一以上的村民要求审计的其他事项。村民委员会成员的任期和离任经济责任审计，由县级人民政府农业部门、财政部门或者乡、民族乡、镇的人民政府负责组织，并公布审计结果。

第二章

刑 法

第一节 刑 法 概 述

一、刑法的概念

1. 刑法的历程

我国 1979 年刑法即《中华人民共和国刑法》，由第五届全国人民代表大会第二次会议于 1979 年 7 月 1 日通过，自 1980 年 1 月 1 日起施行。1997 年刑法即《中华人民共和国刑法（修订）》，由第八届全国人民代表大会第五次会议修订，于 1997 年 3 月 14 日公布，自 1997 年 10 月 1 日起施行。

为了更好地惩罚犯罪和保护人民，全国人民代表大会常务委员会于 1999 年 12 月 25 日通过了《中华人民共和国刑法修正案》，又于 2001 年 8 月 31 日、2001 年 12 月 29 日、2002 年 12 月 28 日、2005 年 2 月 28 日、2006 年 6 月 29 日、2009 年 2 月 28 日、2011 年 2 月 25 日、2015 年 8 月 29 日、2017 年 11 月 4 日先后通过了《中华人民共和国刑法修正案（二）》至《中华人民共和国刑法修正案（十）》，对刑法进行修改、补充、完善。

2. 刑法的概念和任务

（1）刑法的概念

刑法是规定犯罪、刑事责任和刑罚的法律，是掌握政权的统治阶级为了维护本阶级政治上的统治和经济上的利益，规定哪些行为是犯罪和应当承担的刑事责任，并给犯罪人以何种刑事处罚的法律规范的总称。

（2）刑法的任务

国家制定刑法的目的是为了惩罚犯罪，保护人民。刑法的任务，是用刑罚同一切犯罪行为作斗争，以保卫国家安全，保卫人民民主专政的政权和社会主义制度，保护国有财产和劳动群众集体所有的财产，保护公民私人所有的财产，保护公民的人身权利、民主权利和其他权利，维护社会秩序、经济秩序，保障社会主义建设事业的顺利进行。

二、刑法的基本原则

刑法的基本原则，是指刑法明文规定的、在刑事立法和司法活动中应当遵循的准则。我国刑法的基本原则有罪刑法定原则、刑法适用平等原则和罪责刑相适应原则。

1. 罪刑法定原则

罪刑法定原则，是指法律明文规定为犯罪行为的，依照法律定罪处刑；法律没有明文规定为犯罪行为的，不得定罪处刑。简言之，法无明文规定不为罪，法无明文规定不处罚。

罪刑法定原则要求犯罪与刑罚均由法律明文规定，禁止在法律明文规定之外类推解释；刑法只能对法律施行以后的犯罪适用，不能对法律施行以前的犯罪适用。这就要求司法机关必须以事实为根据，以法律为准绳，严格区分罪与非罪、此罪与彼罪的界限，做到严格按照刑法规定定罪量刑。

2. 刑法适用平等原则

刑法适用平等原则，是指对任何人犯罪在适用法律上一律平等，不允许任何人有超越法律的特权。对于一切人的合法权益都要平等地加以保护，不允许有任何歧视。

刑法适用平等原则要求任何组织和公民都应该平等地享有法律规定的权利，都应该受到法律的平等保护，不应厚此薄彼区别对待；任何组织和公民同样的违法行为应受到相同的法律惩罚。不论是谁实施违法行为，不论其财富多少，不论其职位高低，都应当依法平等加以追究，平等地定罪、量刑和行刑，没有法外施刑没有法外特权。

3. 罪责刑相适应原则

罪责刑相适应原则，是指刑罚的轻重，应当与犯罪分子所犯罪行和承担的刑事责任相适应。

罪责刑相适应是适应公平意识的一种法律思想，是由罪与刑的基本关系决定的。罪责刑相适应原则要求，适用刑法时应将刑罚的轻重，与行为人的犯罪性质、犯罪情节、社会危害性有机统一起来，在定罪、量刑、行刑各个环节均应得到贯彻实施。

第二节 犯　　罪

一、犯罪概述

1. 犯罪的概念

犯罪是我们日常生活、生产经营、现代传媒中经常遇到也是比较熟悉的法律现象和法律范畴，要对它进行准确理解还要学习刑法的规定。

《中华人民共和国刑法》第十三条规定："一切危害国家主权、领土完整和安全，分裂国家、颠覆人民民主专政的政权和推翻社会主义制度，破坏社会秩序和经济秩序，侵犯国有财产或者劳动群众集体所有的财产，侵犯公民私人所有的财产，侵犯公民的人身权利、民主权利和其他权利，以及其他危害社会的行为，依照法律应当受刑罚处罚的，都是犯罪，但是情节显著轻微危害不大的，不认为是犯罪。"

上述对于犯罪概念的规定简言之就是：犯罪是危害社会、触犯刑法、应受刑罚处罚的行为。

2. 犯罪的特征

（1）犯罪具有社会危害性

犯罪行为都是危害社会的行为，社会危害性是犯罪的基本特征。危害社会的行为，是法律禁止的行为，是应当受到法律责任追究的行为；如果某种行为没有对社会造成危害，则法律并不禁止，就不涉及违法更不涉及犯罪。是否具有社会危害性，是判断某种行为是不是犯罪的前提条件。

例如：在受到正在进行的不法侵害时实施的必要限度内的正当防卫，或者在受到正在发生的危险时实施的必要限度内的紧急避险的行为，不具有社会危害性不涉及犯罪。

（2）犯罪具有触犯刑法性

犯罪行为都是触犯刑法的行为，触犯刑法是犯罪的本质特征。某种行为触犯了民法、行政法等其他法律而没有触犯刑法，该行为属于一种违法行为，不属于违反刑法的犯罪行为；一种行为只有触犯了刑法，才可能构成犯罪行为。

例如：盗窃公私财物数额较小，或者故意伤害他人身体致人轻微伤的行为不具有触犯刑法性，就不是犯罪行为；盗窃公私财物数额较大，或者故意伤害他人身体致人轻伤的行为具有触犯刑法性，就是犯罪行为。

（3）犯罪具有应受刑罚处罚性

犯罪行为都是应受刑罚处罚的行为，应受刑罚处罚是犯罪的重要特征。一旦实施危害社会且触犯刑法，就要承担刑罚处罚的法律后果。如果一个行为不应受刑罚惩罚，也就意味着它不是犯罪。是否具有应受刑罚处罚性，是判断某种行为是不是犯罪的重要条件。

例如：以暴力公然侮辱他人或者捏造事实诽谤他人，情节严重的行为，属于人民法院直接受理的告诉才处理的自诉案件，没有告诉或者撤回告诉的，不具有应受刑罚处罚性不是犯罪。

二、犯罪构成

1. 犯罪主体

犯罪主体，是指实施危害社会的行为、依法应当负刑事责任的自然人和单位。单位犯罪的，对单位判处罚金，并对其直接负责的主管人员和其他直接责任人员判处刑罚；自然人犯罪的，根据自然人的刑事责任年龄、刑事责任能力判处刑罚。在犯罪的主体中，自然人是最基本、最普遍、最常见的犯罪主体，本节着重进行介绍自然人犯罪主体。

（1）刑事责任年龄

① 完全负刑事责任年龄　自然人对自己的任何犯罪行为都应当完全

负刑事责任的年龄。《中华人民共和国刑法》第十七条第一款规定："已满十六周岁的人犯罪，应当负刑事责任。"

② 相对负刑事责任年龄　自然人相对于自己的严重犯罪行为负刑事责任的年龄。《中华人民共和国刑法》第十七条第二款规定："已满十四周岁不满十六周岁的人，犯故意杀人、故意伤害致人重伤或者死亡、强奸、抢劫、贩卖毒品、放火、爆炸、投毒罪的，应当负刑事责任。"对该八种严重犯罪之外的行为依照刑法不予刑事处罚，责令他的家长或者监护人加以管教，在必要的时候也可以由政府收容教养。

③ 完全不负刑事责任年龄　自然人相对于自己的所有行为都不负刑事责任的年龄。刑法对不满十四周岁的人的危害行为不予刑事处罚，责令他的家长或者监护人加以管教，在必要的时候也可以由政府收容教养。

④ 减轻刑事责任年龄　自然人对于自己的犯罪行为从轻或者减轻负刑事责任的年龄。《中华人民共和国刑法》第十七条第三款规定："已满十四周岁不满十八周岁的人犯罪，应当从轻或者减轻处罚。"第五款规定："已满七十五周岁的人故意犯罪的，可以从轻或者减轻处罚；过失犯罪的，应当从轻或者减轻处罚。"

(2) 刑事责任能力

① 完全刑事责任能力　行为人完全具备刑法意义上辨认和控制自己行为的能力，对自己的犯罪行为都应当完全负刑事责任。《中华人民共和国刑法》第十八条第二款规定："间歇性的精神病人在精神正常的时候犯罪，应当负刑事责任。"第四款规定："醉酒的人犯罪，应当负刑事责任。"

② 相对刑事责任能力　行为人不完全具备刑法意义上辨认和控制自己行为的能力，对自己的犯罪行为可以从轻或者减轻负刑事责任。《中华人民共和国刑法》第十八条第三款规定："尚未完全丧失辨认或者控制自己行为能力的精神病人犯罪的，应当负刑事责任，但是可以从轻或者减轻处罚。"第十九条规定："又聋又哑的人或者盲人犯罪，可以从轻、减轻或者免除处罚。"

③ 完全无刑事责任能力　行为人完全不具备刑法意义上辨认和控制

自己行为的能力，对自己的行为不负刑事责任。《中华人民共和国刑法》第十八条第一款规定："精神病人在不能辨认或者不能控制自己行为的时候造成危害结果，经法定程序鉴定确认的，不负刑事责任，但是应当责令他的家属或者监护人严加看管和医疗；在必要的时候，由政府强制医疗。"

2. 犯罪客体

犯罪客体，是指被刑法所保护的犯罪主体实施的犯罪行为所侵害的社会关系。犯罪具有社会危害性，任何一种犯罪行为都侵害了维护国家和社会体系正常运转的一定的社会关系。

根据犯罪行为所侵害的社会关系不同，刑法将犯罪划分为如下种类：危害国家安全罪，危害公共安全罪，破坏社会主义市场经济秩序罪，侵犯公民人身权利、民主权利罪，侵犯财产罪，妨害社会管理秩序罪，危害国防利益罪，贪污贿赂罪，渎职罪，军人违反职责罪。现实生活中的犯罪，都分别属于刑法规定的不同犯罪种类。例如，放火罪、决水罪、爆炸罪、投放危险物质罪、以危险方法危害公共安全罪等属于危害公共安全罪；故意杀人罪、故意伤害罪、强奸罪、非法拘禁罪、绑架罪等属于侵犯公民人身权利罪；盗窃罪、抢劫罪、诈骗罪、敲诈勒索罪等属于侵犯财产罪；贪污罪、受贿罪、挪用公款罪、巨额财产来源不明罪等属于贪污贿赂罪。

3. 犯罪主观方面

犯罪主观方面，是指犯罪主体对自己的犯罪行为及其结果所持的故意或者过失的心理态度。

(1) 故意犯罪

故意犯罪，是指明知自己的行为会发生危害社会的结果，并且希望或者放任这种结果发生因而构成犯罪。

① 直接故意　明知自己的行为会发生危害社会的结果，并且希望这种结果发生因而构成犯罪。希望，是指行为人积极地有目的地追求危害结果发生的意志状态。例如，杀人罪、放火罪、爆炸罪、投放危险物质罪等

刑法规定的大多数犯罪行为，是直接故意犯罪。

② 间接故意 明知自己的行为会发生危害社会的结果，并且放任这种结果发生因而构成犯罪。放任，是指行为人对由于自己的行为所引起的危害结果，听之任之，不加控制和干涉的意志状态。例如，为防止果园内水果被偷在园子四周拉上电网，导致前来偷水果的人触电身亡。这种以危险方法危害公共安全的犯罪行为，是间接故意犯罪。

（2）过失犯罪

过失犯罪，是指应当预见自己的行为可能发生危害社会的结果，因为疏忽大意而没有预见，或者已经预见而轻信能够避免，以致发生危害结果。

① 疏忽大意的过失 应当预见自己的行为可能发生危害社会的结果，因为疏忽大意而没有预见，以致发生危害结果。

> **案例**：甲对同事乙颇有好感，某日凌晨与乙在江堤散步时欲亲近乙，乙为躲避翻过江边护栏边喊边退，甲边招手哄乙过来边朝乙靠近，乙一脚踩滑坠入江中溺亡。该案例中的甲因为疏忽大意而没有预见乙坠入江中，以致发生危害结果，是疏忽大意的过失犯罪。

② 过于自信的过失 应当预见自己的行为可能发生危害社会的结果，已经预见而轻信能够避免，以致发生危害结果。

> **案例**：甲纠集他人围住乙进行纠缠殴打，乙为摆脱趁甲不注意跳入一旁的湖中。甲劝乙上岸并调转车头用车灯照射水面，见乙不肯返回，为消除乙的顾虑促其上岸，遂开车离开，后乙溺水死亡。该案例中的甲已经预见而轻信能够避免，以致发生危害结果，是过于自信的过失犯罪。

（3）故意犯罪和过失犯罪的区别

故意犯罪对自己的行为会发生危害社会的结果在认知上是明知的，并且发生危害社会的结果符合其主观意志。故意犯罪，应当依照刑法负刑事责任。

过失犯罪对自己的行为会发生危害社会的结果在认知上是未知的，并且发生危害社会的结果违反其主观意志。过失犯罪，法律有规定的才负刑事责任。

4. 犯罪客观方面

犯罪客观方面，是指刑法规定的，说明行为成立犯罪的客观外在的事实特征，包括危害行为、危害结果、危害行为实施的时间、地点、方法等。其中，危害行为是任何犯罪都必须具备的条件，分为作为和不作为。

（1）作为

作为，是指以积极的身体举动实施刑法所禁止的行为。作为是危害行为的主要形式，在我国刑法中绝大部分犯罪以作为的形式实施。例如，故意杀人罪、放火罪、抢劫罪、盗窃罪、强奸罪等，许多犯罪只能以作为形式实施，属于作为犯罪。

（2）不作为

不作为，是指行为人负有实施某种积极行为的特定的法律义务，并且能够实行而不实行的行为。例如：对于年老、年幼、患病或者其他没有独立生活能力的人，负有扶养义务人拒绝扶养被扶养人情节恶劣的遗弃罪；国家机关工作人员严重不负责任，不履行或不认真履行自己的工作职责，致使公共财产、国家和人民利益遭受重大损失的玩忽职守罪，属于不作为犯罪。

三、排除犯罪事由

案例： 2016 年 4 月 14 日，杜某等十余名催债人员在苏某公司接待室对于某、苏某（苏某与于某系母子关系）实施了限制人身自由的非法拘禁行为，并对苏某伴有侮辱和对于某间有推搡、拍打、卡项部等肢体行为。当民警到达现场后，于某和苏某欲随民警走出接待室时，杜某等人阻止二人离开，并对于某实施推拉、围堵等行为，于某从接待室桌子上摸到一把水果刀，致使杜某等四名催债人员被捅伤。其中，杜某因未及时就医导致失血性休克死亡，另外两人重伤，一人轻伤。于某的行为是否构成正当防卫？

分析：该省高级人民法院的刑事判决书认为：上诉人于某持刀捅刺杜某等四人，属于制止正在进行的不法侵害，其行为具有防卫性质；其防卫行为造成一人死亡、二人重伤、一人轻伤的严重后果，明显超过必要限度造成重大损害，属于防卫过当。该省高级人民法院的认定依据是《中华人民共和国刑法》关于正当防卫的法律规定。

1. 正当防卫

（1）正当防卫的概念

《中华人民共和国刑法》第二十条中规定："为了使国家、公共利益、本人或者他人的人身、财产和其他权利免受正在进行的不法侵害，而采取的制止不法侵害的行为，对不法侵害人造成损害的，属于正当防卫，不负刑事责任。正当防卫明显超过必要限度造成重大损害的，应当负刑事责任，但是应当减轻或者免除处罚。"

（2）正当防卫的条件

① 起因条件　只有对不法侵害实施正当防卫，对他人的合法行为不存在正当防卫。如果没有不法侵害存在，就不具备正当防卫的起因条件，正当防卫便无从谈起。例如，正在实行犯罪或者在犯罪后即时被发觉的人，对将其扭送公安机关、人民检察院或者人民法院的人不存在实施正当防卫的行为。

② 时间条件　正当防卫只能在不法侵害正在进行之时，即不法侵害已经发生并且尚未结束，不能实行事前防卫和事后防卫。不法侵害正在进行的时候，才能对合法权益造成威胁性和紧迫性，才可以使防卫行为具有合法性。不法侵害如果还未进行或者已经结束，就不具备正当

防卫的时间条件，是防卫不适时不是正当防卫，有可能还会构成犯罪行为。

案例： 甲因为生活琐事与乙产生纠纷，甲私下扬言要找机会狠狠地揍乙一顿，乙知道后于某日见到甲就很生气，先下手为强把甲给打了。

丙在选购商品时与商品经营者丁发生冲突，进而对丁进行殴打，结果反被丁制服，丙虽已求饶，丁出于气愤又打了丙。

这两个事件中乙与丁的行为均是防卫不适时，乙是事前防卫、丁是事后防卫，均不是正当防卫。

---

③ 主观条件　正当防卫要求防卫人具有防卫意图，目的是为了使国家、公共利益、本人或者他人的人身、财产和其他权利免受正在进行的不法侵害。如果防卫人的意图不是出于保护合法权利而制止不法侵害，而是出于自己的不法目的进行防卫挑拨进而伤害他人或者双方之间相互斗殴造成伤害，均不符合正当防卫的主观条件。为了侵害对方，故意刺激引起对方对自己先行侵害，然后以正当防卫为由对对方施以侵害的防卫挑拨，因行为人主观上早已具有不法目的，为不法加害行为，不属于正当防卫。一方殴打对方的情况下另一方予以还击，使双方相互殴打是都有侵害对方身体意图的相互斗殴，因双方都没有防卫意识而构成相互伤害，因此均不属于正当防卫。

④ 对象条件　正当防卫只能针对不法侵害人本人防卫。由于侵害是由侵害人本人造成的，因此只有针对其本身进行防卫才能保护合法权益，不能针对不法侵害人以外的他人进行防卫。即使在共同犯罪的情况下，也只能对正在进行不法侵害的人进行防卫，而不能对其没有实行侵害行为的他人进行防卫。

⑤ 限度条件　防卫行为必须在必要合理的限度内进行，否则就构成防卫过当。但是，正当防卫许可防卫人对不法侵害人造成的伤害超过不法侵害人对防卫人的侵害，只有"正当防卫明显超过必要限度造成重大损害的"，才是防卫过当。防卫过当应当负刑事责任，但是应当减轻或者免除处罚。

> **案例：** 甲欲对乙进行猥亵，乙的同伴丙见状用重物将甲打倒在地致其死亡，这种行为超过了正当防卫的合理限度，是防卫过当，但应当减轻处罚。

（3）无过当防卫

《中华人民共和国刑法》第二十条第三款规定："对正在进行行凶、杀人、抢劫、强奸、绑架以及其他严重危及人身安全的暴力犯罪，采取防卫行为，造成不法侵害人伤亡的，不属于防卫过当，不负刑事责任。"

> **案例：** 甲欲对乙实施强奸，乙在防卫中造成甲受伤甚至死亡，乙的行为不属于防卫过当，属于正当防卫。因为是对严重危及人身安全的暴力犯罪所进行的防卫，属于无过当防卫，不构成防卫过当。

2. 紧急避险

（1）紧急避险的概念

《中华人民共和国刑法》第二十一条中规定："为了使国家、公共利益、本人或者他人的人身、财产和其他权利免受正在发生的危险，不得已采取的紧急避险行为，造成损害的，不负刑事责任。"但是，避免本人危险的规定，不适用于职务上、业务上负有特定责任的人。

紧急避险超过必要限度造成不应有的损害的，应当负刑事责任，但是应当减轻或者免除处罚。

（2）紧急避险与正当防卫的比较

对比要素	正当防卫	紧急避险
造成危害的来源	只能是人的不法行为	不限于不法行为,可以是自然界的力量、动物的侵袭
行为指向的对象	只能针对不法侵害者本人	针对与危险无关的第三者
行为的限制条件	能够用其他方法来避免损害也可以实施防卫行为	不得已的情况下作为排除危险的唯一方法
损害程度的限度	允许等于或者大于不法侵害行为可能造成的损害	损害的合法权益必须小于保护的合法权益
行为主体的限定	所有符合实施正当防卫条件的人	不适用于在职务上、业务上负有特定责任的人

第三节　刑　　罚

刑罚是刑事处罚的简称，是指依照刑法对犯罪分子实行惩罚的一种强制方法。刑罚是最严厉的惩罚方法，只能由人民法院依照法定的程序对犯罪分子适用。

一、刑罚的种类

1. 主刑

刑罚包括主刑和附加刑。主刑是对犯罪分子独立使用的刑罚，一个犯罪只能判处一个主刑。

（1）管制

管制，是指对犯罪分子不实行关押，但限制其人身自由，依法实行社区矫正的刑罚方法。管制的期限为三个月以上二年以下，数罪并罚最高不能超过三年。

社区矫正人员矫正期满，县级司法行政机关应当向社区矫正人员发放解除社区矫正证明书；司法所应当通知有关部门、村（居）民委员会、群众代表、社区矫正人员所在单位、社区矫正人员的家庭成员或者监护人、保证人，由司法所工作人员主持组织解除社区矫正宣告。

（2）拘役

拘役，是指剥夺犯罪人短期人身自由，由公安机关就近实行强制劳动改造的刑罚方法。拘役的期限为一个月以上六个月以下，数罪并罚最高不能超过一年。

在执行期间，被判处拘役的犯罪分子每月可以回家一天至两天；参加劳动的，可以酌量发给报酬。拘役的刑期，从判决执行之日起计算；判决执行以前先行羁押的，羁押一日折抵刑期一日。

（3）有期徒刑

有期徒刑，是指剥夺犯罪分子一定期限的人身自由，实行强制劳动改造的刑罚方法。有期徒刑的期限为六个月以上十五年以下，有期徒刑总和刑期不满三十五年的数罪并罚最高不能超过二十年，总和刑期在三十五年以上的数罪并罚最高不能超过二十五年。

被判处有期徒刑的犯罪分子，在监狱或者其他执行场所执行；凡有劳动能力的，都应当参加劳动，接受教育和改造。有期徒刑的刑期，从判决执行之日起计算；判决执行以前先行羁押的，羁押一日折抵刑期一日。

> **案例：** 甲因涉嫌犯故意伤害罪于 2017 年 4 月 14 日被刑事拘留，同月 28 日被逮捕。2017 年 10 月 10 日人民法院判决甲犯故意伤害罪，判处有期徒刑五年。（刑期从判决执行之日起计算，判决执行以前先行羁押的，羁押一日折抵刑期一日）。判决后甲没有上诉，人民检察院没有抗诉。请计算甲的服刑期限。
>
> **解析：** 甲的刑事判决自 2017 年 10 月 21 日生效，因判决执行以前先行羁押的，羁押一日折抵刑期一日，甲从 2017 年 4 月 14 日被刑事拘留开始折抵刑期，因此甲的执行时间自 2017 年 4 月 14 日起至 2022 年 4 月 13 日止。

（4）无期徒刑

无期徒刑，是指剥夺犯罪分子终身自由，并强制劳动改造的刑罚方法。无期徒刑是剥夺犯罪分子自由刑中最严厉的刑罚方法。被判处无期徒刑的犯罪分子，在监狱或者其他执行场所执行；凡有劳动能力的，都应当参加劳动，接受教育和改造。

（5）死刑

死刑，是指剥夺犯罪分子生命的刑罚方法。在现阶段，我国保留死刑，但对死刑的适用严格限制，贯彻少杀慎杀，反对多杀错杀的刑事政策。

我国对死刑的限制性规定如下。①死刑只适用于罪行极其严重的犯罪分子。②对于应当判处死刑的犯罪分子，如果不是必须立即执行的，可以判处死刑同时宣告缓期二年执行。③死刑除依法由最高人民法院判决的以外，都应当报请最高人民法院核准。④犯罪的时候不满十八周岁的人和审判的时候怀孕的妇女，不适用死刑。审判的时候已满七十五周岁的人，不适用死刑，但以特别残忍手段致人死亡的除外。⑤判处死刑缓期执行的，在死刑缓期执行期间如果没有故意犯罪，二年期满以后，减为无期徒刑；如果确有重大立功表现，二年期满以后，减为二十五年有期徒刑；如果故意犯罪，情节恶劣的，报请最高人民法院核准后执行死刑。

主刑之间区别简表

主刑名称	刑罚方式	执行机关	期限	数罪并罚
管制	限制人身自由	社区矫正	3 个月以上 2 年以下	不能超过 3 年
拘役	剥夺人身自由	公安机关	1 个月以上 6 个月以下	不能超过 1 年
有期徒刑	剥夺人身自由	监狱或其他场所	6 个月以上 15 年以下	不能超过 20 年或者 25 年
无期徒刑	剥夺人身自由	监狱或其他场所	终身	无期徒刑
死刑	剥夺生命	人民法院	—	死刑

2. 附加刑

附加刑是补充主刑适用的刑罚，它既可以独立适用，也可以附加于主刑合并适用。

（1）罚金

罚金，是指由人民法院判决的、强制犯罪分子向国家缴纳一定数额的金钱，从经济上对犯罪分子实行制裁的刑事处罚。罚金的主要适用对象是经济类型犯罪、侵犯财产犯罪和某些故意犯罪。

人民法院根据犯罪情节，如违法所得数额、造成损失的大小等，并结合考虑犯罪分子缴纳罚金的能力，依法判处罚金。罚金在判决指定的期限内一次或者分期缴纳。期满不缴纳的，强制缴纳。对于不能全部缴纳罚金的，人民法院在任何时候发现被执行人有可以执行的财产，应当随时追缴。

（2）剥夺政治权利

剥夺政治权利是剥夺犯罪分子参加国家管理和政治活动权利的刑罚方法。剥夺政治权利的期限为一年以上五年以下；对于被判处死刑、无期徒刑的犯罪分子，应当剥夺政治权利终身；在死刑缓期执行减为有期徒刑或者无期徒刑减为有期徒刑的时候，应当把附加剥夺政治权利的期限改为三年以上十年以下。

剥夺政治权利的内容包括：①选举权和被选举权；②言论、出版、集会、结社、游行、示威自由的权利；③担任国家机关职务的权利；④担任国有公司、企业、事业单位和人民团体领导职务的权利。

剥夺政治权利的适用：对于危害国家安全的犯罪分子应当附加剥夺政治权利；对于故意杀人、强奸、放火、爆炸、投毒、抢劫等严重破坏社会秩序的犯罪分子，可以附加剥夺政治权利。附加剥夺政治权利的刑期，从徒刑、拘役执行完毕之日或者从假释之日起计算；剥夺政治权利的效力当然施用于主刑执行期间。

(3) 没收财产

没收财产是没收犯罪分子个人所有财产的一部或者全部。没收全部财产的，应当对犯罪分子个人及其扶养的家属保留必需的生活费用。

没收财产主要适用于犯罪所得巨大或者特别巨大的犯罪。没收财产以前犯罪分子所负的正当债务，需要以没收的财产偿还的，经债权人请求，应当偿还。

法律链接：

《中华人民共和国侵权责任法》第四条："侵权人因同一行为应当承担行政责任或者刑事责任的，不影响依法承担侵权责任。因同一行为应当承担侵权责任和行政责任、刑事责任，侵权人的财产不足以支付的，先承担侵权责任。"

二、刑罚的运用

1. 量刑情节

量刑情节，是指在危害行为已经构成犯罪的定罪事实以外，人民法院量刑时考虑的决定犯罪人处刑轻重以及是否处刑所依据的各种主客观事实情况。刑法规定的量刑情节有很多种，本节主要介绍如下主要量刑情节。

(1) 累犯

① 一般累犯　被判处有期徒刑以上刑罚的犯罪分子，刑罚执行完毕或者赦免以后，在五年以内再犯应当判处有期徒刑以上刑罚之罪的是累

犯。累犯应当从重处罚、不适用缓刑。但是，过失犯罪和不满十八周岁的人犯罪的除外。

一般累犯的构成要件：先后两罪主观方面都是故意犯罪；两罪犯罪主体都年满十八周岁；两罪都被判处有期徒刑以上刑罚；后罪发生在前罪刑罚执行完毕或者赦免以后五年之内。

> **案例：** 甲因抢劫罪被判处有期徒刑 5 年，于 2014 年 10 月 8 日刑满释放。2018 年 1 月 5 日，甲因邻里纠纷对乙进行殴打，经法医鉴定为轻伤，应当被判处 3 年以下有期徒刑。甲的犯罪行为构成累犯，应当从重处罚且不适用缓刑。

② 特别累犯　危害国家安全犯罪、恐怖活动犯罪、黑社会性质的组织犯罪的犯罪分子，在刑罚执行完毕或者赦免以后，在任何时候再犯上述任一类罪的，都以累犯论处。

（2）自首

自首，是指犯罪以后自动投案，如实供述自己的罪行的行为。自动投案，是指犯罪事实或者犯罪嫌疑人未被司法机关发觉，或者虽被发觉，但犯罪嫌疑人尚未受到讯问、未被采取强制措施时，主动、直接向公安机关、人民检察院或者人民法院投案。如实供述自己的罪行，是指犯罪嫌疑人自动投案后，如实交代自己的主要犯罪事实。被采取强制措施的犯罪嫌疑人、被告人和正在服刑的罪犯，如实供述司法机关还未掌握的本人其他罪行的，以自首论。

对于自首的犯罪分子，可以从轻或者减轻处罚。其中，犯罪较轻的，可以免除处罚。

（3）坦白

坦白，是指犯罪人被动归案后，如实供述自己罪行的行为。

对于坦白的犯罪分子，可以从轻处罚；因其如实供述自己罪行，避免特别严重后果发生的，可以减轻处罚。

（4）立功

立功，是指犯罪分子有揭发他人犯罪行为，查证属实的，或者提供重要线索，从而得以侦破其他案件的行为。立功具体表现为犯罪分子到案后有检举、揭发他人犯罪行为经查证属实；提供侦破其他案件的重要线索经查证属实；阻止他人犯罪活动；协助司法机关抓捕其他犯罪嫌疑人（包括同案犯）；具有其他有利于国家和社会的突出表现的行为。

重大立功，是指犯罪分子有检举、揭发他人重大犯罪行为，经查证属实；提供侦破其他重大案件的重要线索，经查证属实；阻止他人重大犯罪活动；协助司法机关抓捕其他重大犯罪嫌疑人（包括同案犯）；对国家和社会有其他重大贡献等表现的行为。

犯罪分子有立功表现的，可以从轻或者减轻处罚；有重大立功表现的，可以减轻或者免除处罚。

2. 刑罚执行

(1) 缓刑

缓刑，就是刑罚暂缓执行，是对原判刑罚附条件的不执行所判刑罚的一种制度。在规定的缓刑期间没有对社会造成新的危害的，缓刑期满不再执行原判刑罚。

对于被判处拘役、三年以下有期徒刑的犯罪分子，同时符合犯罪情节较轻、有悔罪表现、没有再犯罪的危险、宣告缓刑对所居住社区没有重大不良影响等四项条件的，可以宣告缓刑；对其中不满十八周岁的人、怀孕的妇女和已满七十五周岁的人，应当宣告缓刑。对于累犯和犯罪集团的首要分子，不适用缓刑。

拘役的缓刑考验期限为原判刑期以上一年以下，但是不能少于二个月。有期徒刑的缓刑考验期限为原判刑期以上五年以下，但是不能少于一年。缓刑考验期限，从判决确定之日起计算。

被宣告缓刑的犯罪分子，应当遵守下列规定：①遵守法律、行政法规，服从监督；②按照考察机关的规定报告自己的活动情况；③遵守考察机关关于会客的规定；④离开所居住的市、县或者迁居，应当报经考察机关批准。在缓刑考验期限内，依法实行社区矫正，如果没有应当撤销缓刑的情形，缓刑考验期满，原判的刑罚就不再执行，并公开予以宣告。

案例： 张某犯诈骗罪于 2017 年 9 月 11 日被人民法院判处有期徒刑三年，缓刑四年。如不服本判决，可在接到判决书的第二日起十日内，通过本院或者直接向上一级人民法院提出上诉。张某的缓刑考验期限为2017年9月22日至2021年9月21日。（注：2017年9月12日至9月21日为上诉期限）

（2）减刑

减刑，是指被判处管制、拘役、有期徒刑、无期徒刑的犯罪分子，根据在执行期间的悔改或者立功表现，适当减轻其原判刑罚的制度。

被判处管制、拘役、有期徒刑、无期徒刑的犯罪分子，在执行期间，如果认真遵守监规，接受教育改造，确有悔改表现的，或者有立功表现的，可以减刑；有重大立功表现的，应当减刑。

判处管制、拘役、有期徒刑（包括死刑缓期执行期满减为二十五年有期徒刑）的，减刑以后实际执行的刑期不能少于原判刑期的二分之一；判处无期徒刑（包括死刑缓期执行期满减为无期徒刑）的，减刑以后实际执行的刑期不能少于十三年；限制减刑的死刑缓期执行的犯罪分子，缓期执行期满后依法减为无期徒刑的，不能少于二十五年，缓期执行期满后依法减为二十五年有期徒刑的，不能少于二十年。犯贪污罪被判处死刑缓期执行的，人民法院可以同时决定在其死刑缓期执行二年期满依法减为无期徒刑后，终身监禁，不得减刑假释。

（3）假释

假释，是指对被判处有期徒刑、无期徒刑的犯罪分子，在执行一定刑期之后，因其遵守监规接受教育和改造，确有悔改表现不致再危害社会，而附条件地将其予以提前释放的制度。

被判处有期徒刑的犯罪分子，执行原判刑期二分之一以上，被判处无期徒刑的犯罪分子，实际执行十三年以上，如果认真遵守监规，接受教育改造，确有悔改表现，没有再犯罪的危险的，可以假释。

有期徒刑的假释考验期限，为没有执行完毕的刑期；无期徒刑的假释考验期限为十年。假释考验期限，从假释之日起计算。

对累犯以及因故意杀人、强奸、抢劫、绑架、放火、爆炸、投放危险物质或者有组织的暴力性犯罪被判处十年以上有期徒刑、无期徒刑的犯罪分子，不得假释。

第四节　农村常见犯罪

一、危害公共安全罪

1. 交通肇事罪

交通肇事罪，是指违反交通运输管理法规，因而发生重大事故，致人重伤、死亡或者使公私财产遭受重大损失的行为。

交通肇事具有下列情形之一的，处三年以下有期徒刑或者拘役：①死亡一人或者重伤三人以上，负事故全部或者主要责任的；②死亡三人以上，负事故同等责任的；③造成公共财产或者他人财产直接损失，负事故全部或者主要责任，无能力赔偿数额在三十万元以上的；④交通肇事致一人以上重伤，负事故全部或者主要责任，并具有下列情形之一的以交通肇事罪定罪处罚。酒后、吸食毒品后驾驶机动车辆的；无驾驶资格驾驶机动车辆的；明知是安全装置不全或者安全机件失灵的机动车辆而驾驶的；明知是无牌证或者已报废的机动车辆而驾驶的；严重超载驾驶的；为逃避法律追究逃离事故现场的。

交通肇事具有下列情形之一的，处三年以上七年以下有期徒刑：①死亡二人以上或者重伤五人以上，负事故全部或者主要责任的；②死亡六人以上，负事故同等责任的；③造成公共财产或者他人财产直接损失，负事故全部或者主要责任，无能力赔偿数额在六十万元以上的；④交通肇事后逃逸，即为逃避法律追究而逃跑的。

交通肇事后因逃逸致人死亡，即为逃避法律追究而逃跑致使被害人因得不到救助而死亡的，处七年以上有期徒刑。交通肇事后，单位主管人员、机动车辆所有人、承包人或者乘车人指使肇事人逃逸，致使被害人因得不到救助而死亡的，以交通肇事罪的共犯论处。

2. 危险驾驶罪

危险驾驶罪，是指违反道路交通安全管理秩序，在道路上驾驶机动车追逐竞驶情节恶劣，或者在道路上醉酒驾驶机动车的犯罪行为。

在道路上驾驶机动车，有下列情形之一的，处拘役并处罚金：①追逐竞驶，情节恶劣的；②醉酒（血液酒精含量达到 80 毫克/100 毫升以上）驾驶机动车的；③从事校车业务或者旅客运输，严重超过额定乘员载客，或者严重超过规定时速行驶的；④违反危险化学品安全管理规定运输危险化学品，危及公共安全的。机动车所有人、管理人对③、④行为负有直接责任的，依照危险驾驶罪处罚。

醉酒驾驶机动车具有下列情形之一的，依照危险驾驶罪从重处罚：①造成交通事故且负事故全部或者主要责任，或者造成交通事故后逃逸，尚未构成其他犯罪的；②血液酒精含量达到 200 毫克/100 毫升以上的；③在高速公路、城市快速路上驾驶的；④驾驶载有乘客的营运机动车的；⑤有严重超员、超载或者超速驾驶，无驾驶资格驾驶机动车，使用伪造或者变造的机动车牌证等严重违反道路交通安全法的行为的；⑥逃避公安机关依法检查，或者拒绝、阻碍公安机关依法检查尚未构成其他犯罪的；⑦曾因酒后驾驶机动车受过行政处罚或者刑事追究的；⑧其他可以从重处罚的情形。

有危险驾驶犯罪行为，同时构成其他犯罪的，依照处罚较重的犯罪定罪处罚。

二、侵犯人身权利罪

1. 故意杀人罪

故意杀人罪，是指故意非法剥夺他人生命的犯罪行为。只要行为人实施了故意杀人的行为，就构成故意杀人罪。

故意杀人的，处死刑、无期徒刑或者十年以上有期徒刑。

故意杀人情节较轻的，处三年以上十年以下有期徒刑。如防卫过当的故意杀人、被害人恶贯满盈的义愤杀人、因受被害人长期迫害而杀人、在被害人的刺激下失去理智的激情杀人，基于被害人请求的受嘱托杀人、帮助他人自杀等。

案例： 林某某，黄某均为 2010 级硕士研究生，分属不同的医学专业，林某某因琐事与被害人黄某不和。2013 年 3 月 31 日下午，林某某将剧毒化学品二甲基亚硝胺原液投入本宿舍饮水机内。4 月 1 日上午，同宿舍的黄某从该饮水机接水饮用后，出现呕吐等症状，立即于当日中午到医院就诊，4 月 16 日，黄某经抢救无效去世。经法医鉴定，黄某系因二甲基亚硝胺中毒引起急性肝衰竭，继发多器官功能衰竭死亡。2014年2月18日，市中级人民法院一审以故意杀人罪判处林某某死刑。2015年1月8日，市高级人民法院宣判，驳回林某某上诉，维持原判。死刑判决依法报请最高人民法院核准，于12月11日林某某被依法执行死刑。

2. 故意伤害罪

故意伤害罪，是指故意非法伤害他人身体并达到一定的严重程度、应受刑法处罚的犯罪行为。

故意伤害致人轻伤的，处三年以下有期徒刑、拘役或者管制。"轻伤"是指使人肢体或者容貌损害，听觉、视觉或者其他器官功能部分障碍或者其他对于人身健康有中度伤害的损伤，包括轻伤一级和轻伤二级。

故意伤害致人重伤的，处三年以上十年以下有期徒刑。"重伤"是指使人肢体残废、毁人容貌、丧失听觉、丧失视觉、丧失其他器官功能或者其他对于人身健康有重大伤害的损伤，包括重伤一级和重伤二级。

故意伤害致人死亡或者以特别残忍手段致人重伤造成严重残疾的，处十年以上有期徒刑、无期徒刑或者死刑。"特别残忍手段"是指行为人以社会公众难以接受的、给被害人肉体和精神造成极大折磨的方式对被害人实施的伤害行为，如故意挖眼、割耳鼻、挑筋、砍手足、剁髌骨；故意用刀划面部、用硫酸等腐蚀性液体毁人容貌；电击、烧烫他人隐私或要害部位等。"严重残疾"是指统一参照工伤标准确定的六到一级的残疾等级。

3. 强奸罪

强奸罪，是指违背妇女意志，使用暴力、胁迫或者其他手段，强行与妇女发生性交的犯罪行为，或者与不满十四周岁的幼女发生性关系（奸淫幼女）的犯罪行为。

强奸妇女的，处三年以上十年以下有期徒刑；奸淫不满十四周岁的幼女的，以强奸论，从重处罚。

强奸妇女、奸淫幼女，有下列情形之一的，处十年以上有期徒刑、无期徒刑或者死刑：①强奸妇女、奸淫幼女情节恶劣的；②强奸妇女、奸淫幼女多人的；③在公共场所当众强奸妇女的；④二人以上轮奸的；⑤致使被害人重伤、死亡或者造成其他严重后果的。

案例：2013 年 2 月 19 日，某公安分局接到一女事主报警称，2013 年 2 月 17 日晚，其在某酒吧内与李某某等人喝酒后，被带至一宾馆内遭到轮奸。2013 年 9 月 26 日上午所属管辖区法院对李某某等 5 人涉嫌强奸案一审宣判，以强奸罪判处被告人李某某有期徒刑 10 年。2013 年 11 月 27 日该地中级人民法院公开宣判，驳回李某某上诉，维持原判。

4. 非法拘禁罪

非法拘禁罪，是指以拘押、禁闭或者其他强制方法，非法剥夺他人人身自由的犯罪行为。

非法拘禁他人的，处三年以下有期徒刑、拘役、管制或者剥夺政治权利。为索取债务非法扣押、拘禁他人的，依照非法拘禁罪处罚。非法拘禁具有殴打、侮辱情节的，以及国家机关工作人员利用职权犯非法拘禁罪的，从重处罚。

非法拘禁致人重伤的，处三年以上十年以下有期徒刑；致人死亡的，处十年以上有期徒刑。非法拘禁使用暴力致人伤残、死亡的，依照故意伤害罪、故意杀人罪的规定定罪处罚。

三、侵犯财产罪

1. 盗窃罪

盗窃罪，是指以非法占有为目的，盗窃公私财物数额较大或者多次盗窃、入户盗窃、携带凶器盗窃、扒窃公私财物的犯罪行为。

盗窃公私财物，数额较大（全国一千元至三千元以上，山东省两千元以上）的，或者多次盗窃、入户盗窃、携带凶器盗窃、扒窃的，处三年以下有期徒刑、拘役或者管制，并处或者单处罚金。

多次盗窃，指二年内盗窃三次以上的。入户盗窃，指非法进入供他人家庭生活，与外界相对隔离的住所盗窃的。携带凶器盗窃，指携带枪支、爆炸物、管制刀具等国家禁止个人携带的器械盗窃，或者为了实施违法犯罪携带其他足以危害他人人身安全的器械盗窃的。扒窃，指在公共场所或者公共交通工具上盗窃他人随身携带的财物的。

盗窃公私财物具有下列情形之一的，"数额较大"的标准可以按照规定标准的百分之五十确定：①曾因盗窃受过刑事处罚的；②一年内曾因盗窃受过行政处罚的；③组织、控制未成年人盗窃的；④自然灾害、事故灾害、社会安全事件等突发事件期间，在事件发生地盗窃的；⑤盗窃残疾人、孤寡老人、丧失劳动能力人的财物的；⑥在医院盗窃病人或者其亲友财物的；⑦盗窃救灾、抢险、防汛、优抚、扶贫、移民、救济款物的；⑧因盗窃造成严重后果的。

盗窃公私财物数额巨大（全国三万元至十万元以上，山东省六万元以上）或者有其他严重情节的，处三年以上十年以下有期徒刑，并处罚金。

数额特别巨大（全国三十万至五十万元以上，山东省四十万元以上）或者有其他特别严重情节的，处十年以上有期徒刑或者无期徒刑，并处罚金或者没收财产。

"其他严重情节"或者"其他特别严重情节"，分别是盗窃公私财物数额达到"数额巨大"或者"数额特别巨大"的百分之五十，且具有下列情形之一的：①入户盗窃、携带凶器盗窃；②组织、控制未成年人盗窃的；③自然灾害、事故灾害、社会安全事件等突发事件期间，在事件发生地盗窃的；④盗窃残疾人、孤寡老人、丧失劳动能力人的财物的；⑤在医院盗窃病人或者其亲友财物的；⑥盗窃救灾、抢险、防汛、优抚、扶贫、移民、救济款物的；⑦因盗窃造成严重后果的。

2. 抢劫罪

抢劫罪，是指以非法占有为目的，对财物的所有人、保管人当场使用暴力、胁迫或其他方法，强行将公私财物抢走的犯罪行为。

抢劫公私财物的，处三年以上十年以下有期徒刑，并处罚金；有下列情形之一的，处十年以上有期徒刑、无期徒刑或者死刑，并处罚金或者没收财产。①入户抢劫的；②在公共交通工具上抢劫的；③抢劫银行或者其他金融机构的；④多次抢劫或者抢劫数额巨大的；⑤抢劫致人重伤、死亡的；⑥冒充军警人员抢劫的；⑦持枪抢劫的；⑧抢劫军用物资或者抢险、救灾、救济物资的。

3. 抢夺罪

抢夺罪，是指以非法占有为目的，乘人不备，公开夺取数额较大的公私财物的犯罪行为。抢夺罪是介于盗窃罪与抢劫罪之间的一种犯罪形态。

抢夺公私财物数额较大（全国一千至三千元以上，山东省两千元以上）的，或者多次抢夺的，处三年以下有期徒刑、拘役或者管制，并处或者单处罚金；

抢夺公私财物具有下列情形之一的，"数额较大"的标准按照规定标准的百分之五十确定：①曾因抢劫、抢夺或者聚众哄抢受过刑事处罚的；②一年内曾因抢夺或者哄抢受过行政处罚的；③一年内抢夺三次以上的；④驾驶机动车、非机动车抢夺的；⑤组织、控制未成年人抢夺的；⑥抢夺老年人、未成年人、孕妇、携带婴幼儿的人、残疾人、丧失劳动能力人的财物的；⑦在医院抢夺病人或者其亲友财物的；⑧抢夺救灾、抢险、防汛、优抚、扶贫、移民、救济款物的；⑨自然灾害、事故灾害、社会安全事件等突发事件期间，在事件发生地抢夺的；⑩导致他人轻伤或者精神失常等严重后果的。

抢夺公私财物数额巨大（全国三万元至八万元以上，山东省五万元以上）或者有其他严重情节（导致他人重伤或者自杀）的，处三年以上十年以下有期徒刑，并处罚金。

抢夺公私财物数额特别巨大（全国二十万元至四十万元以上，山东省三十万元以上）或者有其他特别严重情节（导致他人死亡）的，处十年以上有期徒刑或者无期徒刑，并处罚金或者没收财产。

"其他严重情节"或者"其他特别严重情节"，分别是抢夺公私财物数额达到"数额巨大"或者"数额特别巨大"的百分之五十，且具有下列情形之一的：①一年内抢夺三次以上的；②驾驶机动车、非机动车抢夺的；③组织、控制未成年人抢夺的；④抢夺老年人、未成年人、孕妇、携带婴幼儿的人、残疾人、丧失劳动能力人的财物的；⑤在医院抢夺病人或者其亲友财物的；⑥抢夺救灾、抢险、防汛、优抚、扶贫、移民、救济款物的；⑦自然灾害、事故灾害、社会安全事件等突发事件期间，在事件发生地抢夺的；⑧导致他人轻伤或者精神失常等严重后果的。

4. 诈骗罪

诈骗罪，是指以非法占有为目的，用虚构事实或者隐瞒真相的方法，骗取数额较大的公私财物的犯罪行为。

诈骗公私财物数额较大（全国三千元至一万元以上，山东省六千元）的，处三年以下有期徒刑、拘役或者管制，并处或者单处罚金；

诈骗公私财物数额巨大（全国三万元至十万元以上，山东省八万元以上）或者有其他严重情节的，处三年以上十年以下有期徒刑，并处罚金；

诈骗公私财物数额特别巨大（五十万元以上）或者有其他特别严重情节的，处十年以上有期徒刑或者无期徒刑，并处罚金或者没收财产。

诈骗公私财物达到规定的数额标准，具有下列情形之一的，可以依照规定酌情从严惩处：①通过发送短信、拨打电话或者利用互联网、广播电视、报纸杂志等发布虚假信息，对不特定多数人实施诈骗的；②诈骗救灾、抢险、防汛、优抚、扶贫、移民、救济、医疗款物的；③以赈灾募捐名义实施诈骗的；④诈骗残疾人、老年人或者丧失劳动能力人的财物的；⑤造成被害人自杀、精神失常或者其他严重后果的。

诈骗数额接近"数额巨大"或者"数额特别巨大"的标准，并具有上述情形之一或者属于诈骗集团首要分子的，应当分别认定为"其他严重情节"或者"其他特别严重情节"。

5. 敲诈勒索罪

敲诈勒索罪，是指以非法占有为目的，对被害人使用威胁或要挟的方法，强行索要公私财物的犯罪行为。

敲诈勒索公私财物数额较大（全国二千元至五千元以上，山东省三千元以上）或者多次敲诈勒索的，处三年以下有期徒刑、拘役或者管制，并处或者单处罚金；

敲诈勒索公私财物，具有下列情形之一的，"数额较大"的标准可以按照规定标准的百分之五十确定：①曾因敲诈勒索受过刑事处罚的；②一年内曾因敲诈勒索受过行政处罚的；③对未成年人、残疾人、老年人或者丧失劳动能力人敲诈勒索的；④以将要实施放火、爆炸等危害公共安全犯罪或者故意杀人、绑架等严重侵犯公民人身权利犯罪相威胁敲诈勒索的；⑤以黑恶势力名义敲诈勒索的；⑥利用或者冒充国家机关工作人员、军人、新闻工作者等特殊身份敲诈勒索的；⑦造成其他严重后果的。

数额巨大（全国三万元至十万元以上，山东省六万元以上）或者有其他严重情节的，处三年以上十年以下有期徒刑，并处罚金；

数额特别巨大（全国三十万元至五十万元以上，山东省四十万元以上）或者有其他特别严重情节的，处十年以上有期徒刑，并处罚金。

"其他严重情节"或者"其他特别严重情节"，分别是抢夺公私财物数额达到"数额巨大"或者"数额特别巨大"的百分之五十，且具有下列情形之一的：①对未成年人、残疾人、老年人或者丧失劳动能力人敲诈勒索的；②以将要实施放火、爆炸等危害公共安全犯罪或者故意杀人、绑架等严重侵犯公民人身权利犯罪相威胁敲诈勒索的；③以黑恶势力名义敲诈勒索的；④利用或者冒充国家机关工作人员、军人、新闻工作者等特殊身份敲诈勒索的；⑤造成其他严重后果的。

四、扰乱公共秩序罪

1. 聚众斗殴罪

聚众斗殴罪，是指为了报复他人、争霸一方或者其他不正当目的，纠集众人成帮结伙地互相进行殴斗，破坏公共秩序的犯罪行为。

聚众斗殴的，对首要分子和其他积极参加的，处三年以下有期徒刑、拘役或者管制；

聚众斗殴有下列情形之一的，对首要分子和其他积极参加的，处三年以上十年以下有期徒刑：①多次聚众斗殴的；②聚众斗殴人数多，规模大，社会影响恶劣的；③在公共场所或者交通要道聚众斗殴，造成社会秩序严重混乱的；④持械聚众斗殴的。

2. 寻衅滋事罪

寻衅滋事罪，是指在公共场所无事生非、起哄闹事、殴打伤害无辜、肆意挑衅、横行霸道、毁坏财物、破坏公共秩序，情节严重的犯罪行为。

有下列寻衅滋事行为之一，破坏社会秩序的，处五年以下有期徒刑、拘役或者管制：①随意殴打他人，情节恶劣的；②追逐、拦截、辱骂、恐吓他人，情节恶劣的；③强拿硬要或者任意损毁、占用公私财物，情节严重的；④在公共场所起哄闹事，造成公共场所秩序严重混乱的。

纠集他人多次实施寻衅滋事犯罪行为，严重破坏社会秩序的，处五年以上十年以下有期徒刑，可以并处罚金。

第三章

民 法

第一节　民 法 概 述

一、基本规定

1. 民法的概念

民法起源于罗马法中的市民法，是调整社会普通成员之间关系的法律。民法属于私法，以个人利益为核心，以人的平等和自治为理念，当事人之间处于平等的地位。民法的概念可以表述为：调整平等主体的自然人、法人和非法人组织之间的人身关系和财产关系的法律规范的总称。

民法是国家法律体系中的一个独立的法律部门，我国先后制定了一系列的具体的民事法律规范，包括民法总则、物权法、合同法、侵权责任法、婚姻法、继承法、担保法等。2020 年 5 月 28 日，十三届全国人民代表大会第三次会议表决通过了《中华人民共和国民法典》，自 2021 年 1 月 1 日起施行。

2. 民法的调整对象

《中华人民共和国民法总则》第二条规定："民法调整平等主体的自然人、法人和非法人组织之间的人身关系和财产关系。"

（1）民法调整平等主体之间的人身关系

民法所调整的人身关系是基于民事主体的人格和身份而发生的社会关

系，包括人格关系与身份关系。人格关系是基于人格利益而发生的社会关系，身份关系是基于民事主体的一定身份而发生的社会关系。民法所调整的人身关系具有以下特点：第一，民事主体平等；第二，与民事主体的人身不可分离；第三，与民事权利的享有和行使有关；第四，不具有直接经济内容。

（2）民法调整平等主体之间的财产关系

民法所调整的财产关系是以商品经济为基础的财产所有和财产流转关系。民法所调整的财产关系具有以下特点：第一，主体平等。民事主体包括自然人、法人及非法人组织，各主体对其财产享有独立经济利益、法律地位平等，不存在隶属关系、管理与被管理关系、权力与服从关系。例如，国家工商管理机关作为机关法人购买办公用品，与某一公司之间的买卖关系为法人之间的财产关系，由民法调整；而其与该公司之间发生的公司登记管理关系，则不属于民法调整的对象。第二，意思自治。民法所调整的财产关系与当事人有着直接的经济利益，由当事人根据自己的意愿占有、使用、收益、处分自有的财产，不受他人意志的支配。

二、民法的基本原则

民法的基本原则，是指贯穿于民法各项制度之中的，具有指导意义的基本准则。民法基本原则是立法机关进行民事立法的准则、民事主体从事民事活动的守法准则、司法机关审理民事纠纷案件的审判准则，它可以起到弥补法律漏洞的作用，同时也是司法机关进行创造性司法活动的法律依据。根据《中华人民共和国民法总则》的规定，民事基本原则主要包括平等原则、自愿原则、公平原则、诚实信用原则、公序良俗原则、绿色原则等。

1. 平等原则

平等原则，是指民事主体在民事活动中的法律地位一律平等。平等原则是民法首要的基本原则，是法律面前人人平等原则在民法中的具体体现。平等原则在民事活动中体现在多个方面，如民事主体民事权利能力平等、民事主体法律地位平等、民事主体合法权益平等受到保护、民事主体权利义务相一致等方面。

2. 自愿原则

自愿原则，是指民事主体从事民事活动，应当遵循自愿原则，按照自己的意思设立、变更、终止民事法律关系。自愿原则的实质，就是民事主体在民事活动中的意思自治，当事人可以自愿地进行各项自由选择，依据自己的真实意愿从事民事活动，并排除国家和他人的非法干预。民事主体的自愿原则主要表现为合同自由、婚姻自由、遗嘱自由等。但是，当事人的意思自治亦应在法律允许的范围之内，同时应当对自己具有真实意愿的行为负责。

3. 公平原则

公平原则，是指民事主体从事民事活动，应当遵循公平原则，合理确定各方的权利和义务。公平原则要求民事主体应依据社会公认的公平观念从事民事活动，以维持当事人之间的利益均衡；同时要求民事主体在民事活动中应当进行公平竞争，合理分配权利义务，禁止一方当事人利用优势地位从事民事法律行为，如以乘人之危、欺诈胁迫的手段所从事的民事行为。

4. 诚实信用原则

诚实信用原则，是指民事主体从事民事活动，应当遵循诚信原则，秉持诚实，恪守承诺。诚实信用是我国社会主义核心价值观的重要组成部分，又是民事法律重要的基本原则。诚实信用原则要求民事主体在民事活动中讲诚实、守信用，严格按照法律规定和约定履行其义务，践行自己的承诺；同时，还要求民事主体善意行使权利，不得滥用权力，不得以损害他人和社会利益为代价谋取私利。在法律规范欠缺和滞后时，人民法院裁判案件时可以依据诚实信用原则对当事人之间的利益进行平衡。

5. 公序良俗原则

公序良俗原则，是指民事主体从事民事活动，不得违反法律，不得违背公序良俗。这里的公序良俗亦即社会公德、社会公共秩序、公共利益。公序良俗原则要求任何违反社会公德、违背社会公共秩序和公共利益的行为都是无效的。例如：某已婚富豪将自己所有的房屋赠予其情人，虽然该富豪对自己的财物有自由支配权且系其真实意愿，但该民事行为因违背了社会的公序良俗而无效。

6. 绿色原则

绿色原则，是指民事主体从事民事活动，应当有利于节约资源、保护生态环境。绿色原则既传承了我国人与自然和谐共生的传统文化理念，又体现了党和国家的可持续发展理念，有利于缓解我国人口与资源生态的矛盾。绿色原则要求民事主体从事民事活动时，要把经济发展与环境保护有机地协调起来，做到既要金山银山又要绿水青山。

第二节　民 事 主 体

民事主体是指民法上的"人"，是民事关系的参与者、民事权利的享有者、民事义务的履行者、民事责任的承担者。民事主体包括自然人、法人及非法人组织。

一、自然人

所谓自然人，是指基于自然生理规律出生的人。自然人既是生物学上的概念，又是重要的法律概念。自然人作为民事主体，法律赋予其民事权利能力，同时按照法律规定应具有相应的民事行为能力。

1. 民事权利能力和民事行为能力

（1）民事权利能力

自然人的民事权利能力，是指自然人依法取得享有民事权利和承担民事义务的资格。自然人的民事权利能力一律平等。自然人从出生时起到死亡时止，具有民事权利能力，依法享有民事权利，承担民事义务。

自然人的出生，是指自然人脱离母体而成为有生命的独立体的事实。自然人的出生必须具备"出"和"生"两个条件。出是胎儿与母体分离而成为独立体，生是指胎儿与母体分离后必须保持生命。对尚未出生的胎儿，在涉及某些特定的事项时，法律亦赋予其民事权利能力。如涉及遗产继承、接受赠予等胎儿利益保护的，胎儿视为具有民事权利能力。但是胎儿娩出时为死体的，其民事权利能力自始不存在。

自然人的死亡因其方式不同可以分为自然死亡和宣告死亡。自然死亡，是指自然人生命的终止。在我国司法实践中，一般以心脏停止跳动来确定自然人的自然死亡，脑死亡因技术操作、家属感情等问题还未获得普遍的认可。宣告死亡，是指自然人下落不明达到一定期限后，由利害关系人申请，经人民法院判决宣告该自然人死亡。被宣告死亡的，人民法院宣告死亡的判决作出之日视为其死亡的日期；因意外事件下落不明宣告死亡的，意外事件发生之日视为其死亡的日期。

（2）民事行为能力

民事行为能力，是指自然人以自己的行为取得民事权利、承担民事义务的资格，即自然人依法独立进行民事活动的资格。在我国，判断自然人的民事行为能力的标准是根据自然人的年龄、智力和精神健康状况。根据自然人的民事行为能力，我国民法将自然人分为三种类型：完全民事行为能力人、限制民事行为能力人、无民事行为能力人。

完全民事行为能力人，是指自然人能以自己的行为独立享有民事权利，承担民事义务的自然人。十八周岁以上成年人为完全民事行为能力人，可以独立实施民事法律行为。十六周岁以上的未成年人，以自己的劳动收入为主要生活来源的，视为完全民事行为能力人。

限制民事行为能力人，又称不完全民事行为能力人，是指可以独立进行一些民事活动但不能独立进行全部民事活动的自然人。八周岁以上的未成年人为限制民事行为能力人。不能完全辨认自己行为的成年人，如情节轻微的精神病人或者智力低下的智障患者，为限制民事行为能力人。限制民事行为能力人实施民事法律行为应由其法定代理人代理或者经其法定代理人同意、追认，但是可以独立实施纯获利益的民事法律行为或者与其年龄、智力相适应的民事法律行为。如限制民事行为能力人可以接受赠予，可以购买学习或者生活用品。

无民事行为能力人，是指不具有以自己的行为取得民事权利和承担民事义务的自然人。不满八周岁的未成年人，为无民事行为能力人。不能辨认自己行为的成年人或者八周岁以上的未成年人，如严重的精神病人或者痴呆症患者，为无民事行为能力人。无民事行为能力人应由其法定代理人实施民事法律行为。

2. 监护

监护，是指对无民事行为能力人和限制民事行为能力人的人身、财产及其他合法权益进行监督、管理和保护，弥补其民事行为能力不足的民事制度。我国民法规定的监护包括法定监护、协议监护、指定监护、补充监护等。监护人的职责是代理被监护人实施民事法律行为，保护被监护人的人身权利、财产权利以及其他合法权益等。监护人依法履行监护职责产生的权利，受法律保护。监护人不履行监护职责或者侵害被监护人合法权益的，应当承担法律责任。

(1) 法定监护

法定监护，是指法律明确规定监护人资格和监护顺序的监护制度。法定监护的适用对象包括未成年人和无民事行为能力或者限制民事行为能力的成年人。

未成年人子女的监护人是其父母。未成年人的父母已经死亡或者没有监护能力的，由下列有监护能力的人按顺序担任监护人：①祖父母、外祖父母；②兄、姐；③其他愿意担任监护人的个人或者组织，但是须经未成年人住所地的居民委员会、村民委员会或者民政部门同意。

无民事行为能力或者限制民事行为能力的成年人，由下列有监护能力的人按顺序担任监护人：①配偶；②父母、子女；③其他近亲属；④其他愿意担任监护人的个人或者组织，但是须经被监护人住所地的居民委员会、村民委员会或者民政部门同意。

(2) 协议监护

协议监护，是指数个具有监护资格的人之间可以协议确定某个或者数个自然人单独或者共同担任监护人的监护制度。依法具有监护资格的人之间可以协议确定监护人。协议确定监护人应当尊重被监护人的真实意愿。

(3) 指定监护

指定监护，是指对监护发生争议的由有关主体在监护人之间指定监护人的监护制度。指定监护的主体包括居民委员会、村民委员会、民政部门或者人民法院。对监护人的确定有争议的，由被监护人住所地的居民委员会、村民委员会或者民政部门指定监护人，有关当事人对指定不服的，可以向人民法院申请指定监护人；有关当事人也可以直接向人民法院申请指定监护人。

（4）补充监护

补充监护，是指没有依法具有监护资格的人时由有关部门担任监护人的监护制度。没有依法具有监护资格的人的，监护人由民政部门担任，也可以由具备履行监护职责条件的被监护人住所地的居民委员会、村民委员会担任。由民政部门、居民委员会、村民委员会担任监护人，属于国家监护和社会监护，是对于家庭监护的有益补充，以最大限度实现监护全覆盖。

3. 个体工商户和农村承包经营户

（1）个体工商户

自然人从事工商业经营，经工商行政管理部门依法登记，为个体工商户。个体工商户可以起字号。个体工商户的法律主体为自然人，须经依法登记核准，享有字号权，从事工商业之经营，集投资、经营、劳动于一身。个体工商户的债务，个人经营的，以个人财产承担；家庭经营的，以家庭财产承担；无法区分的以家庭财产承担。

（2）农村承包经营户

农村集体经济组织的成员，依法取得农村土地承包经营权，从事家庭承包经营的，为农村承包经营户。农村承包经营户在法律允许的范围内，按照农村土地承包经营合同的约定，使用农民集体所有和国家所有依法由农民集体使用的耕地、林地、草地，以及其他依法用于农业的土地，以家庭为单位独立从事农业生产经营。农村承包经营户的债务，以从事农村土地承包经营的农户财产承担，事实上由农户部分成员经营的，以该部分成员的财产承担。

二、法人

1. 法人的概念

法人是法律拟制的"人"，是具有民事权利能力和民事行为能力，依法独立享有民事权利和民事义务的组织。法人的民事权利能力和民事行为能力，从法人成立时产生，到法人终止时消灭。法人以其全部财产独立承担民事责任。

法人应当依法成立，应当有自己的名称、组织机构、住所、财产或者经费。代表法人从事民事活动的负责人，为法人的法定代表人。法定代表人以法人名义从事的民事活动，其法律后果由法人承受。法定代表人因执行职务造成他人损害的，由法人承担民事责任。

2. 法人的类型

根据设立法人的目的和功能不同，可以将法人分为营利法人、非营利法人及特别法人。

营利法人，是指以取得利润并分配给股东等出资人为目的成立的法人，包括有限责任公司、股份有限公司和其他企业法人等。

非营利法人，是指以公益为目的或者其他非营利目的成立，不向出资人、设立人或者会员分配所取得利润的法人，包括事业单位、社会团体、基金会、社会服务机构等。

特别法人，是指除营利性法人和非营利性法人外，不宜列入上述两种类型的法人，包括机关法人（如行政机关、司法机关、立法机关）、农村集体经济组织法人、城镇农村的合作经济组织法人（如农民专业合作社）、基层群众性自治组织法人（如村民委员会、居民委员会）。

3. 法人的变更和终止

法人存续期间登记事项发生变化的，应当依法向登记机关申请变更登记。登记机关应当依法及时公示法人登记的有关信息。法人合并的，其权利和义务由合并后的法人享有和承担。法人分立的，其权利和义务由分立后的法人享有连带债权，承担连带债务，但是债权人和债务人另有约定的除外。

法人同自然人一样，有成立就有消灭，只是自然人是依据自然规律，法人是基于法律规定的事由出现，导致法人的消灭。法人的终止需要对法人存续期间的事项进行清算，并完成注销登记才发生消灭的法律后果。法人在下列情形发生终止：①法人解散；②法人被宣告破产；③法律规定的其他原因。

三、非法人组织

1. 非法人组织的概念

非法人组织是不具有法人资格，但是能够依法以自己的名义从事民事活动的组织。非法人组织包括个人独资企业、合伙企业、不具有法人资格的专业服务机构等。

非法人组织不能独立承担民事责任，其财产不足以清偿债务的，其出资人或者设立人承担无限责任。

2. 非法人组织的设立

非法人组织应当依照法律的规定登记。设立非法人组织，法律、行政法规规定须经有关机关批准的依照其规定。非法人组织可以确定一人或者数人代表该组织从事民事活动。

3. 非法人组织的解散

非法人组织解散的，应当依法进行清算。有下列情形之一的非法人组织解散：①章程规定的存续期间届满或者章程规定的其他解散事由出现；②出资人或者设立人决定解散；③法律规定的其他情形。

第三节　民事法律行为和代理

一、民事法律行为

1. 民事法律行为的概念

民事法律行为是民事主体通过意思表示设立、变更、终止民事法律关系的行为。

意思表示，是指民事主体将期望发生某种法律效果的内在意图以一定的方式表现于外部的行为。意思表示有明示和默示两种方式。明示可以采用书面形式、口头形式或者其他形式，法律、行政法规规定或者当事人约定采用特定形式的应当采用特定形式。默示只有在有法律规定、当事人约定或者符合当事人之间的交易习惯时可以视为意思表示。例如：甲乙双方签订书面的房屋租赁协议，这是一种明示的意思表示。然而租赁期限到期后，甲继续使用租赁的房屋，而乙未提出异议，则是一种默示的意思表示，乙的默示行为视为乙同意延长租赁期限。

民事法律关系的设立，是指民事主体创设一个新的民事法律关系。如张三同李四签订借款协议，即为在张三与李四之间创设了民间借贷关系。民事法律关系的变更，是指现存的民事法律关系在主体、内容或者客体上发生了变化。如张三同李四签订了为期一年的借款协议，后经双方协议将借款期限延长到两年，双方协议的行为使民间借贷的内容发生了变更。民事法律关系的终止，是指使现有的民事法律关系归于消灭。如借款协议到期后张三将借款归还李四，他们之间的民间借贷关系不再存在归于消灭。

2. 民事法律行为的效力

判断民事法律行为效力的前提是民事法律行为的成立。民事法律行为的成立是基于双方或者多方的意思表示，是一个事实行为。而民事法律行为是否生效需要看这种意思表示是否符合法律规定，需要对这种意思表示进行法律判断，包括有效的民事法律行为、无效的民事法律行为、可撤销的民事法律行为、效力待定的民事法律行为。

(1) 有效的民事法律行为

① 行为人具有相应的民事行为能力　完全民事行为能力人可以独立实施民事法律行为，限制民事行为能力人可以实施纯获利益的民事法律行为或者与其年龄、智力、精神健康状况相适应的民事法律行为。

② 意思表示真实　行为人的意思表示应当是行为人自觉自愿的，并且与其表达的真实意愿相一致，具体包括意思表示自由，不是在受他人欺诈、胁迫之下作出的违背其内心意愿的行为；意思表示无误，是其内心真实意愿的反映非因重大误解等原因而表意错误。

③ 不违反法律、行政法规的强制性规定，不违背公序良俗　民事法律行为的内容，不能与法律法规的禁止性规范相抵触，也不能滥用法律法规规定的权利；同时应当符合全体人民的共同利益，不能损害社会公共秩序和社会公德等。

(2) 无效的民事法律行为

① 无民事行为能力人实施的民事法律行为　例如：五周岁的儿童购

买商品的行为。

② 行为人与相对人以虚假的意思表示实施的民事法律行为 以虚假的意思表示隐藏的民事法律行为的效力，依照有关法律规定处理。例如：实为对借款合同予以担保而签订房屋买卖合同的行为。

③ 违反法律、行政法规的强制性规定的民事法律行为 例如：买卖国家违禁品的民事法律行为。但是，该强制性规定不导致该民事法律行为无效的除外。

④ 违背公序良俗的民事法律行为 例如：已婚男人将财产赠予其情人的民事法律行为。

⑤ 行为人与相对人恶意串通，损害他人合法权益的民事法律行为 例如：公司的法定代表人与他人恶意串通转移公司资产的民事法律行为。

无效的民事法律行为自始没有法律约束力。民事法律行为部分无效，不影响其他部分效力的，其他部分仍然有效。

（3）可撤销的民事法律行为

① 基于重大误解实施的民事法律行为 行为人有权请求人民法院或者仲裁机构予以撤销。例如：将密度板家具误认为实木家具而购买。

② 一方以欺诈手段，使对方在违背真实意思的情况下实施的民事法律行为 受欺诈方有权请求人民法院或者仲裁机构予以撤销。例如：商家将所售商品以假充真卖给消费者。

③ 一方或者第三人以胁迫手段，使对方在违背真实意思的情况下实施的民事法律行为 受胁迫方有权请求人民法院或者仲裁机构予以撤销。例如：以揭露他人隐私为由逼迫他人签订的财产赠予协议。

④ 一方利用对方处于危困状态、缺乏判断能力等情形，致使民事法律行为成立时显失公平的 受损害方有权请求人民法院或者仲裁机构予以撤销。例如：行为人趁他人处于病重急需钱款与其签订房屋低价转让合同。

当事人在法定的期限内行使撤销权的，可撤销的民事法律行为被人民法院或者仲裁机构撤销后，自始没有法律约束力。

（4）效力待定的民事法律行为

限制民事行为能力人实施的除纯获利益或者与其年龄、智力、精神健康状况相适应的民事法律行为外，实施的其他民事法律行为在未经法定代理人同意或追认前，其效力待定。例如：十一岁的未成年人甲持有数百元购买大型玩具的行为。相对人可以催告法定代理人自收到通知之日起一个月内予以追认。法定代理人未作表示的，视为拒绝追认。民事法律行为被追认前，善意相对人有撤销的权利。撤销应当以通知的方式作出。

二、代理

1. 代理的概念

现代社会分工越来越细，从事一定的民事法律行为有时并非需要本人亲自实施，可以由他人代为处理，由此民法总则专门规定了代理制度。代理，是指代理人在代理权限范围内，以被代理人的名义实施民事法律行为，该行为产生的法律后果由被代理人承担的民事法律制度。

2. 代理的种类

根据代理产生的原因，代理可以分为委托代理和法定代理。

委托代理是基于委托人的授权产生的代理，代理人按照被代理人的委托行使代理权。如自然人、法人委托律师代理其参加民事诉讼活动。委托代理的授权委托可以采取口头、书面或者其他形式。委托代理授权采用书面形式的，授权委托书应当载明代理人的姓名或者名称、代理事项、权限和期间，并由被代理人签名或者盖章。

法定代理是基于法律规定产生的代理，并不存在被代理人的授权行为，来源于法律的直接授权。法定代理适用于被代理人为无民事行为能力人或者限制民事行为能力人，是保护意识能力不足的人，使他们也能够参与社会活动，以弥补私法自治的不足。

3. 特殊代理

（1）职务代理

在委托代理中存在一种特殊的代理，即单位委托本单位工作人员以单位的名义从事民事法律行为，也就是职务代理。《中华人民共和国民法总则》第一百七十条规定："执行法人或者非法人组织工作任务的人员，就其职权范围内的事项，以法人或者非法人组织的名义实施民事法律行为，对法人或者非法人组织发生效力。法人或者非法人组织对执行其工作任务的人员职权范围的限制，不得对抗善意相对人。"例如：公司的法定代表人以公司的名义为他人提供保证所签订的担保协议，所产生的法律后果由公司承担。

（2）无权代理

被代理人可以授权他人在一定期限处理授权事项，但是在现实生活中有时出现行为人没有代理权、代理人超越代理权限或者代理期限到期后继续代理的情形，民法称之为无权代理。《中华人民共和国民法总则》第一百七十一条规定："行为人没有代理权、超越代理权或者代理权终止后，仍然实施代理行为，未经被代理人追认的，对被代理人不发生效力。"也就是说无权代理除被代理人追认外，对被代理人不发生法律效力。例如：被代理人授权代理人购买香烟若干，代理人自作主张购买菜叶若干的行为，在被代理人不予追认的情况下对被代理人不发生效力。

（3）表见代理

无权代理对被代理人不发生效力为一般规定，但有一种无权代理即使没有被代理人的追认，对被代理人仍发生法律效力，即民法规定的表见代理。《中华人民共和国民法总则》第一百七十二条规定："行为人没有代理权、超越代理权或者代理权终止后，仍然实施代理行为，相对人有理由相信行为人有代理权的，代理行为有效。"表见代理不同于其他无权代理的就是相对人有理由相信行为人有代理权，代理人的代理行为对被代理人有效。如被代理人未通知相对人，代理人已离职，相对人仍然相信代理人有代理权而继续同其实施的民事法律行为。

第四节 民事责任与诉讼时效

一、民事责任

1. 民事责任的概念

民事主体在民事活动中应当按照法律规定和当事人约定履行民事义务，如果不履行或者不适当履行，就会产生民事权利义务的变化从而转变为民事责任。

民事责任，是指民事主体因实施了民事违法行为所承担的对其不利的法律后果或者基于法律特别规定而应承担的民事法律责任。民事责任属于法律责任的一种，是保障民事权利和民事义务实现的重要措施，它主要是一种民事救济手段，旨在使受害人被侵犯的权益得以恢复或者补偿。

2. 民事责任的类型

根据发生原因的不同，民事责任可以分为侵权责任和违约责任。侵权责任，是指因侵害他人的民事权益而产生的民事责任。如违反道路交通安全法的规定违章驾驶造成他人受伤应当承担的法律责任。违约责任，是指违反约定义务而产生的民事责任。如开发商违反合同约定延期交房应当承担的法律责任。

根据责任内容的不同，民事责任可以分为财产责任和非财产责任。财产责任主要表现为返还财产、支付违约金、赔偿损失等。非财产责任主要表现为赔礼道歉，消除影响、恢复名誉等。

根据责任构成要件不同，民事责任可以分为过错责任、无过错责任和公平责任。过错责任要求当事人承担民事责任以存在过错为前提。如酒店未尽到安全保障义务造成客人摔倒受伤，酒店存在过错应当承担赔偿责任。无过错责任不以当事人的行为存在过错为前提，但因当事人从事特殊行业造成他人损害的，也应当承担民事责任。如从事高压活动致人死亡的，虽然经营者不存在过错应承担侵权责任。公平责任是双方当事人对损失均没有过错，根据公平原则承担的补充责任，如李某在帮邻居王某修理房屋时，从房顶上滑下摔伤。二人均对摔伤一事无过错，法院却令王某承担了一定损失，该判决依据的便是公平责任。

根据责任主体的不同，民事责任可以分为单独责任和共同责任。单独责任，是指侵权人或者违约人独立承担其应当承担的法律责任。共同责任，是指侵权人或者违约人共同承担应当承担的法律责任。共同责任又可以根据责任人之间的关系分为按份责任和连带责任。如在交通事故中，责任方按照交警部门出具的道路交通事故认定书认定的责任按份承担责任，能够确定责任大小的各自承担相应的责任，难以确定责任大小的平均承担责任。如在借款保证合同中，保证人依法承担连带责任，权利人有权请求部分或者全部连带责任人承担责任。

3. 民事责任的适用

（1）承担民事责任的方式

对于民事责任的适用，《中华人民共和国民法总则》第一百七十九条规定的承担民事责任的方式主要有：①停止侵害；②排除妨碍；③消除危险；④返还财产；⑤恢复原状；⑥修理、重作、更换；⑦继续履行；⑧赔偿损失；⑨支付违约金；⑩消除影响、恢复名誉；⑪赔礼道歉。法律规定惩罚性赔偿的，依照其规定。本条规定的承担民事责任的方式，可以单独适用，也可以合并适用。

（2）不承担民事责任的情形

① 不可抗力　因不可抗力不能履行民事义务的，不承担民事责任。不可抗力，是指不能预见、不能避免且不能克服的客观情况。

② 正当防卫　因正当防卫造成损害的，不承担民事责任。正当防卫超过必要的限度，造成不应有的损害的，正当防卫人应当承担适当的民事责任。

③ 紧急避险　因紧急避险造成损害的，由引起险情发生的人承担民事责任。危险由自然原因引起的，紧急避险人不承担民事责任，可以给予适当补偿。紧急避险采取措施不当或者超过必要的限度，造成不应有的损害的，紧急避险人应当承担适当的民事责任。

④ 紧急救助　因自愿实施紧急救助行为造成受助人损害的，救助人不承担民事责任。

二、诉讼时效

1. 诉讼时效的概念

诉讼时效，是指在法定时效期间内，民事权利受到侵害的权利人如果不行使自己的权利，就丧失在诉讼中的胜诉权的制度。诉讼时效制度的目的是在于促使权利人及时行使权利，对怠于行使权利者进行制裁。

2. 诉讼时效期间及计算

（1）诉讼时效期间

向人民法院请求保护民事权利的诉讼时效期间为三年。法律另有规定的，依照其规定。

（2）诉讼时效期间的计算

① 诉讼时效期间的计算　诉讼时效期间自权利人知道或者应当知道权利受到损害以及义务人之日起计算。法律另有规定的，依照其规定。这里的"知道"，是指权利人明确知晓其权利被侵害，是一种已知的客观事实。例如：张某在过斑马线时被李某驾驶的机动车撞伤住院治疗，其人身权受到损害。"应当知道"，是指权利人不一定知道权利受损害，但是法律根据客观事实推定其能够知道，是一种推定的法律事实。例如：债务人于债务履行期限届满而未偿还债务，债权人就应当知道其债权受到侵害。同时，这里的"知道或者应当知道"还包括致权利人的权利受到损害的侵害人知道，才能引起诉讼时效的起算。例如：张某夜间在道路上行走被机动车撞伤，但未找到肇事者。虽然张某知道自己的权利被侵害，但是在没有确定肇事者之前诉讼时效不起算。但是，权利受到侵害后的保护也不是无期限的，自权利受到损害之日起超过二十年的人民法院不予保护。例如：上述案例中如果张某在二十年后才发现肇事者的，人民法院一般就不再保护其权利。除非有特殊情况的，人民法院可以根据权利人的申请决定延长。

② 债务分期履行诉讼时效期间的计算　当事人约定同一债务分期履行的，诉讼时效期间自最后一期履行期限届满之日起计算。例如：张某借给李某十万元，双方约定分三期偿还，最后一期于 2015 年 12 月 31 日前偿还，那么张某的诉讼时效应从 2016 年 1 月 1 日起算。

③ 特定人请求权诉讼时效期间的计算　民法总则在规定诉讼时效期间时，对无民事行为能力人或者限制民事行为能力人受损害赔偿请求权的诉讼时效期间的计算进行了特殊规定："无民事行为能力人或者限制民事行为能力人对其法定代理人的请求权的诉讼时效期间，自该法定代理终止之日起计算。未成年人遭受性侵害的损害赔偿请求权的诉讼时效期间，自受害人年满十八周岁之日起计算。"

（3）诉讼时效期间的抗辩

诉讼时效期间届满的，义务人可以提出不履行义务的抗辩。诉讼时效期间届满后义务人同意履行的，不得以诉讼时效期间届满为由抗辩；义务人已自愿履行的，不得请求返还。人民法院不得主动适用诉讼时效的规定。只有在义务人以诉讼时效期间届满抗辩时，人民法院才能进行审查。

3. 诉讼时效的中止和中断

（1）诉讼时效的中止

诉讼时效的中止，是指在诉讼时效期间的最后六个月内，因法定事由使权利人不能行使请求权的，暂停计算时效期间的计算，待中止时效的事由消除后，再继续计算诉讼时效期间。

诉讼时效中止的法定事由包括：①不可抗力；②无民事行为能力人或者限制行为能力人没有法定代理人，或者代理人死亡、丧失民事行为能力、丧失代理权；③继承开始后未确定继承人或者遗产管理人；④权利人被义务人或者其他人控制；⑤其他导致权利人不能行使请求权的障碍。自中止时效的原因消除之日起满六个月，诉讼时效期间届满。

（2）诉讼时效的中断

诉讼时效的中断，是指在诉讼时效进行过程中，出现了法定事由，导致已经经过的诉讼时效期间无效，待中断时效的事由消除后其诉讼时效重新计算。

诉讼时效中断的法定事由包括：①权利人向义务人提出履行请求。例如：借款到期后，张某向李某主张要求偿还借款，从主张之日起诉讼时效中断，重新计算。②义务人同意履行义务。例如：借款到期后，李某主动偿还了部分借款，从偿还部分借款之日起诉讼时效中断并重新计算。③权利人提起诉讼或者申请仲裁。例如：借款到期后，张某在诉讼时效内向人民法院提起诉讼。④与提起诉讼或者申请仲裁具有同等效力的其他情形。例如：借款到期后张某向公安机关报案，公安机关以民事纠纷为由不予立案，诉讼时效从公安机关不予立案之日起重新计算。

在司法实践中，权利人应当注意保存诉讼时效中断的证据。如权利人向义务人主张权利，应当保存有义务人签字及时间的凭据、邮寄单据、通话录音、微信记录、短信记录等，并尽量避免采取口头方式主张权利；义务人同意履行义务，应当由义务人在借款凭据上重新签字并注明时间；义务人偿还部分借款，尽量采取转账的方式，保留转账记录；权利人向其他部门主张权利，尽量保留主张权利的书面材料，如受案证明、处理意见等。

4. 不适用诉讼时效的情形

诉讼时效一般是针对债权请求权，对物权请求权及涉及特定人身权利的不适用诉讼时效。民法规定了不适用诉讼时效的情形包括：①请求停止侵害、排除妨碍、消除危险。该请求权不论属于物权请求权还是基于人身权请求权均不产生诉讼时效。②不动产物权和登记的动产物权的权利人请求返还财产。不动产物权和登记的动产物权的请求权均不适用诉讼时效。③请求支付抚养费、赡养费或者扶养费。该请求权与特定人身权利密切相关。④依法不适用诉讼时效的其他请求权。如支付存款本金及利息请求权、确认合同无效等。

但是，义务人在诉讼时效届满后同意履行的不能再以超过诉讼时效抗辩，已经履行完毕的义务人不得以超过诉讼时效要求返还。

第五节　人　身　权

一、人身权概述

1. 人身权的概念

人身权是民事主体基于人格和身份而依法享有的，以其人格利益和身份利益为客体的民事权利。人身权是与财产权相对应的民事权利，人身权没有直接的财产内容，它体现在人格利益与身份利益上，如健康权、名誉权、配偶权等。

2. 人身权的种类

民法理论界根据不同的标准将人身权分为不同的种类，根据权利的来源不同，将人身权分为人格权和身份权。

(1) 人格权

人格权，是指民事主体基于其法律人格而依法享有的，以人格利益为客体的，为维护其独立人格所必需的权利。人格权是民事主体自出生或成立之日取得，终身专属享有，且民事主体的人格权是平等的。人格权包括：生命权、健康权、身体权、姓名权（名称权）、肖像权、名誉权、隐私权。这些权利都与民事主体的法律人格密切相关，都是为维护独立人格所必需的权利。例如：生命权是自然人最基本的权利，健康权是自然人参加社会活动和从事民事活动的重要保证，名称权是法人、非法人组织区别于其他民事主体的特定标志等。

（2）身份权

身份权，是指民事主体基于其法律身份而依法享有的，以身份利益为客体的民事权利。身份权包括配偶权、亲权、亲属权、监护权、荣誉权、著作人身权等。这些权利都与民事主体的特定身份密切相关，不同的身份享有不同的身份权。例如：夫妻之间为配偶权，父母与未成年子女为亲权，父母与成年子女、祖父母与孙子女、外祖父母与外孙子女，以及兄弟姐妹之间为亲属权，监护人与未成年人之间为监护权等。

二、人身权的法律保护

1. 生命权受侵害的法律保护

生命权，是指自然人依法享有的以其生命利益为客体的权利。生命权是自然人最高的权利，自然人自出生至死亡期间享有生命权，任何人侵害他人生命权都应当承担相应的法律责任。

根据《中华人民共和国侵权责任法》《最高人民法院关于审理人身损害赔偿案件适用法律若干问题的解释》的规定，侵害他人生命权的，侵害人应当赔偿医疗费、丧葬费、死亡赔偿金、被扶养人生活费、精神损害赔偿金等，具体赔偿如下。

（1）医疗费

医疗费包括挂号费、治疗费、检查费、住院费、医药费、手术费等所有治疗、抢救受害人的费用。医疗费根据医疗机构出具的医药费、住院费等收款凭证，结合病历和诊断证明等相关证据确定。

（2）丧葬费

丧葬费，是指发丧安葬受侵害而死亡的自然人遗体所应支出的费用。丧葬费按照受诉人民法院所在地上一年度职工月平均工资标准（如 2019

年生命权受到侵害，按照 2018 年度工资标准），以六个月总额计算。该费用为固定费用，不论受害人实际支付的费用多与少，法院均按照该标准判决。

(3) 死亡赔偿金

自然人受到侵害死亡后，因不再享有民事权利，不能作为独立的主体要求侵害人承担赔偿责任，死亡赔偿金是受害人亲属作为权利赔偿请求主体向侵权人提出，其实质是对受害人近亲属未来收入的损失的赔偿。因此，死亡赔偿金不是赔偿给受害人本人的，不是受害人的遗产，而是直接赔偿给受害人近亲属。

死亡赔偿金按照受诉法院所在地上一年度城镇居民人均可支配收入或者农村居民人均纯收入标准，按二十年计算。但六十周岁以上的，年龄每增加一岁减少一年；七十五周岁以上的，按五年计算。死亡赔偿金是以受害人户籍性质为标准，并按照不同的年龄阶段分别计算。

> **案例**：2018 年山东省城镇居民人均可支配收入为 39549 元，农村人均纯收入为 16297 元。自然人 2019 年受侵害致死的，其死亡赔偿金按农村计算为，60 周岁以下是 16297 元×20 年；61～75 周岁是 16297 元×(20－六十周岁以上增加岁数)年；75 周岁以上是 16297 元×5 年。

计算死亡赔偿金的户籍性质不是唯一标准，农村人口在城镇住所地连续居住一年以上的，可以按照城镇人口标准计算损害赔偿数额；因同一侵权行为造成多人死亡的，可以以相同数额确定死亡赔偿金。也就是在同一侵权行为中赔偿标准是同一的，体现了民法的公平原则。

(4) 被扶养人生活费

被扶养人，是指受害人依法应当承担扶养义务的未成年人或者丧失劳动能力又无其他生活来源的成年近亲属。被扶养人生活费根据扶养人丧失劳动能力程度，按照受诉法院所在地上一年度城镇居民人均消费性支出和农村居民人均年生活消费支出标准计算。被扶养人为未成年人的，计算至十八周岁；被扶养人为无劳动能力又无其他生活来源的，计算二十年。但六十周岁以上，年龄每增加一岁减少一年；七十五周岁以上的，按照五年计算。被扶养人还有其他扶养人的，赔偿义务人只赔偿受害人依法应当负担的部分。

> **案例：** 2018 年山东省城镇居民人均消费性支出为 23072 元，农村居民人均年生活消费支出 11270 元，自然人 2019 年受侵害致死的，其被扶养人生活费按农村计算为，18 周岁以下被扶养人生活费是 11270 元×(18－年龄)/扶养人人数；61～75 周岁被扶养人生活费是 11270 元×(20－六十周岁以上增加岁数)年/扶养人人数；75 岁周岁以上被扶养人生活费是 11270 元×5 年/扶养人人数。该计算公式中，受害人（扶养人）系兄弟二人的，侵害人只赔偿其父母（被扶养人）生活费总额的二分之一，扶养人人数就是 2。被扶养人有数人的，年赔偿总额累计不超过上一年度城镇居民人均消费性支出或者农村居民人均年生活消费支出额。

（5）精神损害赔偿金

精神损害赔偿，是指自然人因人格权受到不法侵害而导致的精神痛苦，受害人本人或者本人死亡后其近亲属有权要求侵害人以一定数额金钱予以抚慰的法律制度。受害人因被侵害死亡后，死者的配偶、父母、子女等近亲属受到的伤害最大，感到痛苦最深，最需要给予补偿和抚慰，因此，这些人有权提起精神损害赔偿。这里的精神损害不是死者遭受的精神损害，而是死者的配偶、子女和父母等近亲属遭受的精神损害。

《中华人民共和国侵权责任法》第二十二条规定："侵害他人人身权益，造成他人严重精神损害的，被侵权人可以请求精神损害赔偿。"《山东省高级人民法院关于审理人身损害赔偿案件若干问题的意见》第八十五条规定了精神损害赔偿具体标准：①侵害人是自然人的，一般性精神损害赔偿标准为一千元至三千元；严重精神损害，赔偿标准为三千元至五千元；②侵害人是法人或者其他组织的，一般按照公民赔偿标准的五至十倍予以赔偿。侵害人侵害行为特别恶劣、受害人的伤害程度特别严重或社会影响特别大的，可根据实际需要，适当提高上述赔偿标准，但判决前必须呈报省法院复核。

2. 健康权受侵害的法律保护

健康权，是指自然人依法享有的，以其机体生理功能正常运作和功能完善发挥为内容的人格权。侵害人的侵权行为造成受害人肢体受损或者肢体残疾，影响了受害人生理功能的正常运作或者造成劳动能力的减退，从而影响了受害人的收入。侵害健康权按其侵害程度可以分为一般侵害和构成伤残的侵害。

（1）一般侵害的赔偿项目

① 医疗费　受害人在遭受人身伤害之后接受医学上的检查、治疗与康复训练所必须支出的费用。医疗费根据医疗机构出具的医药费、住院费等收款凭证，结合病历和诊断证明等相关证据确定，具体包括挂号费、医药费、治疗费、检查费、住院费、后续治疗费、康复费等。

② 住院伙食补助费　受害人在住院治疗期间应当支付的伙食支出，住院伙食补助费的补助标准参照当地国家机关一般工作人员的出差标准予以确定，再按照每天补助标准乘以住院天数即得出住院伙食补助费总额。

③ 误工费　受害人因侵权人的侵害行为导致应当获得而未获得或者未全部获得的经济收入。误工费根据受害人的误工时间和收入状况确定。误工时间根据受害人接受治疗的医疗机构出具的证明确定。受害人有固定收入的，误工费按照实际减少的收入计算。如受害人因交通事故住院治疗，住院治疗休息期间单位扣发的工资就是误工费。受害人无固定收入的，按照其最近三年的平均收入计算；受害人不能举证证明其最近三年的平均收入状况的，可以参照受诉法院所在地相同或者相近行业上一年度职工的平均工资计算。如个体司机遭受他人侵害，无固定收入又不能举证证明最近三年的平均工资，可以按照交通运输业平均工资标准计算误工费。

④ 护理费　受害人近亲属因护理受害人而发生的误工损失或者雇佣护理人员发生的费用。护理费根据护理人员的收入状况和护理人数、护理期限确定。护理人员有收入的，参照误工费的规定计算；护理人员没有收入或者雇佣护工的，参照当地护工从事同等级别护理的劳务报酬标准计算。护理人员原则上一人，但医疗机构或者鉴定机构有明确意见的，可以参照确定护理人员的人数。

⑤ 交通费　受害人及其必要的陪护人员因就医或者转院治疗实际发生的交通费用。交通费用应当以正式票据为凭，有关凭据应当与就医地点、时间、人数、次数相符合。

（2）造成残疾的赔偿项目

① 误工费 计算标准是受害人收入状况乘以误工时间。受害人收入状况的确定同一般伤害的方式相同；误工费的误工时间有所不同，受害人因伤残持续误工的，误工时间可以计算至定残日前一天。

② 残疾赔偿金 对受害人因残疾而导致劳动能力的丧失或者降低造成收入损失的赔偿。残疾赔偿金根据受害人丧失劳动能力程度或者伤残等级，按照受诉法院所在地上一年度城镇居民人均可支配收入或者农村居民人均纯收入标准，自定残之日起按二十年计算。但六十周岁以上的，年龄每增加一岁减少一年；七十五周岁以上的，按五年计算。

受害人丧失劳动能力程度或者伤残等级分为十级，一级伤残最严重，十级伤残最轻，不同的伤残等级赔偿水平不同。具体的计算公式为：残疾赔偿金＝受诉法院所在地上一年度城镇居民人均可支配收入或者农村居民纯收入×赔偿年限×伤残系数。伤残系数以受害人丧失劳动能力的程度或者伤残等级确定，一级伤残的伤残系数为100％、二级伤残的伤残系数为90％，以此类推，十级伤残的伤残系数为10％。

③ 残疾辅助器具费 受害人健康权受侵害致其组织、肌体的某项功能全部或者部分丧失而需要赔偿具有补偿功能的辅助器具而支出的费用。例如：交通事故造成受害人下肢或者上肢缺失要配置假肢的，由此支出的费用属于残疾辅助器具费。残疾辅助器具费按照普通适用器具的合理费用标准计算。伤情有特殊需要的，可以参照辅助器具配制机构的意见确定相应的合理费用标准。辅助器具的更换周期和赔偿期限参照配制机构的意见确定。

④ 残疾护理费 受害人受侵害导致生活自理能力全部或部分丧失而产生的护理费用。残疾护理费的护理期限应计算至受害人恢复生活自理能力时止。受害人因残疾不能恢复生活自理能力的，可以根据其年龄、健康状况等因素确定合理的护理期限，但最长不超过二十年。受害人定残后的护理，应当根据其护理依赖程度并结合配制残疾辅助器具的情况确定护理级别。

⑤ 被扶养人生活费 被扶养人的范围及赔偿年限同侵害生命权的规定一致，被扶养人生活费的计算方式为：被扶养人生活费＝受诉法院所在地上一年度城镇居民人均消费性支出或者农村居民人均年生活消费支出×赔偿年限×伤残系数/扶养人人数。

医疗费、住院伙食补助费、护理费、交通费、精神损害赔偿金等费用同前文赔偿方式一致，在此不再赘述。

3. 其他人身权受侵害的法律保护

公民的姓名权、肖像权、名誉权、隐私权、荣誉权等受到侵害的，被侵权人有权要求侵权人停止侵害，消除影响、恢复名誉，赔礼道歉，并可以要求赔偿损失。

第六节　债　　权

民法上的债，是指根据合同的约定或者依照法律的规定，在当事人之间产生的特定的权利义务关系。根据债产生的原因不同，债权分为合同之债、侵权行为之债、无因管理之债和不当得利之债。

一、合同之债

1. 合同的概念

合同，是指平等主体的自然人、法人、非法人组织之间设立、变更、终止民事权利和民事义务的协议。其法律特征为：

(1) 合同是平等主体的自然人、法人、非法人组织之间的民事法律行为

民事法律行为只要是合法的，合同签订即成立生效，对合同当事人具有法律约束力，任何一方违反合同约定均应承担相应法律责任。

(2) 合同的内容是设立、变更、终止民事权利和民事义务

案例：张某同银行之间签订借款协议，约定银行向张某提供一百万的借款。双方签订借款协议的行为即为设立了双方的借款权利义务关系；后银行增加了对张某贷款额度，向张某发放了二百万，即为变更了双方的借款权利义务关系；借款到期张某如期偿还贷款，即为终止了双方的借款权利义务关系。

（3）合同是当事人意思表示一致的民事法律行为

合同当事人之间意思表示一致，要求当事人之间应当在平等自愿的基础上，充分协商合同内容，不存在胁迫、欺诈等违背一方当事人真实意思表示的情形。如张某意欲出卖自己的房屋，李某有意购买，双方就房屋价款未能达成一致，双方之间没有订立合同就不存在合同关系。

2. 合同的订立

合同的订立需要双方或者多方当事人就合同内容达成一致意见，当事人或许为了达成协议需要多次磋商，才能符合所有当事人的意愿。但是，不论合同订立中磋商过程多么复杂，都要包含要约和承诺两个步骤。

（1）要约

要约，是指希望和他人订立合同的意思表示。要约的成立需具备以下条件：

① 要约是特定合同当事人的意愿表达　发出要约的目的在于订立合同，必须要让特定的要约相对人明白发出要约的主体是谁，以便发出承诺。

② 要约的相对人必须是特定的　要约的相对人可以是一人，也可以是多人，但是应当是特定的相对人。

③ 要约人必须在要约中表明，该要约经相对人承诺，要约人就要受到约束　要约人负有与相对人订立合同的义务，相对人一旦承诺合同即成立。

④ 要约的内容应当具体确定　要约的内容必须包含合同成立的必要条款，内容必须明确，受要约人、要约内容不存在歧义。

要约到达受要约人时生效。要约可以撤回，撤回要约的通知应在要约到达受要约人之前或者与要约同时到达受要约人。

（2）承诺

承诺是受要约人同意要约的意思表示。承诺应具备下列条件：

① 承诺必须是由受要约人作出的　第三人进行的承诺不是承诺，只能视为第三人对要约人发出的要约。

② 承诺必须向要约人作出　如果不是向要约人作出，则作出的承诺

就不被视为承诺，达不到与要约人订立合同的目的。

③ 承诺的内容必须与要约保持一致 如果受要约人在承诺中改变了要约的内容，便不构成承诺，而视为对要约内容的拒绝，并同时提出一项新的要约。

④ 承诺必须在要约规定的有效期内作出 如果受要约人未在有效期内作出承诺，则不构成承诺，只能视为向要约人发出的要约。

承诺生效时合同成立。当事人采取合同形式订立合同的，自双方当事人签字或者盖章时合同成立。承诺可以撤回，但必须在承诺通知到达要约人之前或者与承诺通知同时到达要约人，撤回才能生效。如果承诺已经生效合同已经成立，则受要约人不能再撤回承诺。

3. 合同的形式

当事人订立合同，有书面形式、口头形式和其他形式。法律、行政法规规定采取书面形式的，应当采用书面形式。当事人约定采用书面形式的，应当采用书面形式。例如，《中华人民共和国担保法》第十三条规定："保证人与债权人应当以书面形式订立保证合同。"书面形式是指合同书、信件和数据电文（包括电报、电传、传真、电子数据交换和电子邮件）等可以有形地表现所载内容的形式。

4. 合同的条款

当事人意思表示一致，依约订立合同便形成合同条款。合同条款固定当事人各方的权利义务，构成合同内容。现实生活中，因各种原因合同内容不够完备，导致发生争议形成纠纷的情形时有发生。因此，合同内容及其条款应当尽量完整、准确、具体。订立合同应当从实际需要出发，酌情约定合同内容，一般而言合同主要包括以下条款：

(1) 当事人的名称或者姓名和住所

当事人是合同主体，合同权利义务的承受者，由其名称或者姓名及住所加以固定化、特定化。当事人的姓名或者名称及住所必须记载真实、全面、准确。当事人是自然人的，应当记载姓名、性别、家庭住址、联系方式、身份证号码，并尽量留存当事人身份证复印件；当事人是法人或者非法人组织的，应当载明当事人名称、住所地、法定代表人或者负责人姓名、社会信用统一代码，并尽量留存社会信用统一代码证。

（2）标的

标的，是指合同双方当事人权利义务共同指向的对象。如张某购买李某的房屋，房屋就是合同的标的。为能够实际履行，标的应当明确、具体，不能含糊不清、指向不明。如上述合同标的李某的房屋，李某有多套房屋，为避免产生纠纷，合同中应当记载该房屋的位置、楼号、单元、房间号、如有房产证应当记载房产证号，以同李某其他的房屋相区别。同时，合同标的不能是法律禁止的内容。国家禁止交易的标的不能作为合同的标的，如枪支、珍稀动物等。

（3）数量

数量是确定合同标的的具体条件。合同标的物的数量不明确，合同就无法履行。数量要写有计量单位，而且要尽量采用标准的计量单位，如套、吨、公斤等。采用其他计量方法，如一包、一箱等，还须明确一包是多少数量、一箱有多少数量，以免发生歧义。

（4）质量

质量是合同的主要条款。现实生活中，因质量产生纠纷的案例较多，质量条款应当明确具体。因合同标的的种类不同，对于质量标准的规定形式不一。有的明确约定质量标准，如国家标准、行业标准和通用标准；有的采取以样品作为标准，同时配以图片并予以说明；有的以产品说明书记载的功能为质量标准。

（5）价款或者报酬

价款或者报酬是有偿合同的条款，是取得标的物所支付的代价。价款的数额、支付方式、币种、支付期限等都要明确规定。如果合同期限较长，请注意合同期限内价格的调整。

（6）履行期限、地点和方式

履行期限是当事人各方依照合同全面完成自己合同义务的时间。履行期限不仅直接关系到合同义务完成的时间，也是确定合同当事人违约与否的因素之一。例如：建筑工程承包人与发包人约定，工期为一年，承包人超过一年才交工，承包人未按照合同约定完成工作，构成违约应承担违约责任。履行地点是当事人依照合同完成自己合同义务的场所。履行地点是确定验收地点、运输费用由谁负担、风险由谁承受的依据，有时也是确定标的物所有权是否转移的依据。履行方式，是指当事人完成合同义务的方法。合同履行的具体方式应在合同中约定，如是一次性交付还是分期分批交付，是现实交付还是简易交付等。

(7) 违约责任

违约责任，是指当事人违反合同约定，应当向相对方承担的责任。合同中约定违约责任应当尽量全面具体，明确违约责任的承担方式。违约责任的承担方式主要包括支付违约金和赔偿损失。在合同中应当明确约定违约金的数额，或者违约金的计算方式。赔偿损失应当为守约方的实际损失，在合同中应当尽量明确约定因违约行为造成损失范围及计算方式。

(8) 争议解决的办法

争议的解决办法有协商、仲裁、诉讼三种方式。一般来说，发生争议，首先由当事人协商解决，协商不成时就应采取仲裁或者诉讼方式。仲裁方式解决争议，需要当事人事先在合同中约定仲裁以及明确的仲裁机构；未约定仲裁或者诉讼的，当事人可以按照法律规定或者约定向有管辖权的人民法院提起诉讼。

5. 合同的履行

(1) 合同的履行抗辩权

履行抗辩权是在符合法定条件时，当事人一方对抗对方当事人的请求权，暂时拒绝履行给付义务的权利。履行抗辩权包括同时履行抗辩权、后履行抗辩权以及不安抗辩权三种类型。

① 同时履行抗辩权　当事人互负债务，没有先后履行顺序的，应当同时履行。一方在对方履行之前有权拒绝其履行要求。一方在对方履行债务不符合约定时，有权拒绝其相应的履行要求。例如：即时交易的合同，一手交货一手付款，买方在卖方交货前有权拒绝付款，同时卖方在买方付款前亦可拒绝交货。

② 后履行抗辩权　当事人互负债务有先后履行顺序，先履行一方未

履行的，后履行一方有权拒绝其履行要求。先履行一方履行债务不符合约定的，后履行一方有权拒绝其相应的履行要求。例如：张某购买李某机器设备，双方约定李某交付机器设备后张某付款，张某在李某交付机器设备前，有权拒绝支付机器设备款。

③ 不安抗辩权　应当先履行债务的当事人，有确切证据证明对方有下列情形之一的，可以中止履行：a. 经营状况严重恶化；b. 转移财产、抽逃资金，以逃避债务；c. 丧失商业信誉；d. 有丧失或者可能丧失履行债务能力的其他情形。

当事人中止履行的，应当及时通知对方。对方在合理期限内未恢复履行能力并且未提供适当担保的，中止履行的一方可以解除合同。

> **案例：**某公司向某钢材厂购买一批钢材，双方约定由某公司先行支付钢材款，钢材厂在收到货款后发货。但是，某公司了解到钢材厂的债权人在向人民法院申请钢材厂破产。在这种情况下，某公司有权停止支付款项并通知钢材厂，由钢材厂在合理的期限内提供担保。如钢材厂不能提供担保，某公司有权解除该购买合同；如钢厂提供有效的担保，某公司应当继续履行合同。

（2）合同履行的担保

在合同履行过程中，为了保证双方当事人能够按照合同约定全面履行义务，经常在合同中约定合同履行的担保条款。在我国法律规定中，合同的担保主要包括保证、定金、抵押、质押以及留置等方式，其中抵押、质押及留置在物权中介绍，本节仅介绍保证和定金担保。

① 保证　保证人和债权人约定，当债务人不履行债务时，保证人按照约定履行债务或者承担责任的行为。

保证方式分一般保证和连带责任保证。一般保证，是指当事人在保证合同中约定，当债务人不能履行债务时，由保证人承担保证责任。连带责任保证，是当事人在保证合同中约定，保证人与债务人对债务承担连带责任。当事人对保证方式没有约定或者约定不明确的，按照连带责任保证承担保证责任。

保证合同约定的保证期间早于或者等于主债务履行期限的，或者保证期间没有约定的，保证期间为主债务履行期届满之日起六个月。保证合同约定保证人承担保证责任直至主债务本息还清时为止等类似内容的，保证期间为主债务履行期届满之日起二年。

② 定金　合同当事人约定，为确保合同的履行，由一方当事人预先支付给另一方的一定数额的款项。

给付定金的一方不履行约定的债务的，无权要求返还定金；收受定金的一方不履行约定的债务的，应当双倍返还定金。定金从实际交付之日起生效，其额数由当事人约定，但不得超过主合同标的额的百分之二十。

6. 合同的解除

合同解除，是指合同生效后，因当事人双方事先约定、达成协议或者出现法律规定的情形，而使合同关系自始消灭或者向将来消灭的制度。

当事人协商一致，可以解除合同。当事人可以约定一方解除合同的条件。解除合同的条件成就时，解除权人可以解除合同。

有下列情形之一的，当事人可以解除合同：①因不可抗力致使不能实现合同目的；②在履行期限届满之前，当事人一方明确表示或者以自己的行为表明不履行主要债务；③当事人一方迟延履行主要债务，经催告后在合理期限内仍未履行；④当事人一方迟延履行债务或者有其他违约行为致使不能实现合同目的；⑤法律规定的其他情形。

合同解除后，尚未履行的，终止履行；已经履行的，根据履行情况和合同性质，当事人可以要求恢复原状、采取其他补救措施，并有权要求赔偿损失。

二、侵权行为之债

侵权行为是侵害他人人身或者财产权利的不法行为。因实施侵权行为给他人造成损害的，侵权人应当依法承担侵权的民事责任。

1. 一般侵权行为责任

（1）一般行为人侵权

行为人因过错侵害他人民事权益，应当承担侵权责任；根据法律规定推定行为人有过错，行为人不能证明自己没有过错的，应当承担侵权责任；行为人损害他人民事权益，不论行为人有无过错，法律规定应当承担侵权责任的，依照其规定。

（2）无民事行为能力人、限制民事行为能力人侵权

无民事行为能力人、限制民事行为能力人造成他人损害的，由监护人承担侵权责任。监护人尽到监护责任的，可以减轻其侵权责任。有财产的无民事行为能力人、限制民事行为能力人造成他人损害的，从本人财产中支付赔偿费用，不足部分，由监护人赔偿。

（3）工作人员侵权

用人单位的工作人员因执行工作任务造成他人损害的，由用人单位承担侵权责任。

劳务派遣期间，被派遣的工作人员因执行工作任务造成他人损害的，由接受劳务派遣的用工单位承担侵权责任；劳务派遣单位有过错的，承担相应的补充责任。

（4）雇佣人员侵权

个人之间形成劳务关系，提供劳务一方因劳务造成他人损害的，由接受劳务一方承担侵权责任。提供劳务一方因劳务自己受到损害的，根据双方各自的过错承担相应的责任。

（5）网络侵权

网络用户、网络服务提供者利用网络侵害他人民事权益的，应当承担侵权责任。

网络用户利用网络服务实施侵权行为的，被侵权人有权通知网络服务提供者采取删除、屏蔽、断开链接等必要措施。网络服务提供者接到通知后未及时采取必要措施的，对损害的扩大部分与该网络用户承担连带责任。网络服务提供者知道网络用户利用其网络服务侵害他人民事权益，未采取必要措施的，与该网络用户承担连带责任。

（6）未尽安全保障义务侵权

宾馆、商场、银行、车站、娱乐场所等公共场所的管理人或者群众性活动的组织者，未尽到安全保障义务，造成他人损害的，应当承担侵权责任。

因第三人的行为造成他人损害的，由第三人承担侵权责任；管理人或

者组织者未尽到安全保障义务的，承担相应的补充责任。

（7）未尽教育管理职责侵权

无民事行为能力人在幼儿园、学校或者其他教育机构学习、生活期间受到人身损害的，幼儿园、学校或者其他教育机构应当承担责任，但能够证明尽到教育、管理职责的，不承担责任。

限制民事行为能力人在学校或者其他教育机构学习、生活期间受到人身损害，学校或其他教育机构未尽到教育、管理职责的，应当承担责任。

无民事行为能力人或限制民事行为能力人在幼儿园、学校或者其他教育机构学习、生活期间，受到教育机构以外的人员人身损害的，由侵权人承担侵权责任；幼儿园、学校或其他教育机构未尽到管理职责的，承担相应的补充责任。

2. 具体侵权行为责任

（1）产品责任

因产品存在缺陷造成他人损害的，生产者应当承担侵权责任。因销售者的过错使产品存在缺陷，造成他人损害的，销售者应当承担侵权责任。销售者不能指明缺陷产品的生产者也不能指明缺陷产品的供货者的，销售者应当承担侵权责任。

（2）机动车交通事故责任

机动车交通事故造成人身伤亡、财产损失的，由保险公司在机动车第三者责任强制保险责任限额范围内予以赔偿；不足的部分，按照下列规定承担赔偿责任：

机动车之间发生交通事故的，由有过错的一方承担赔偿责任；双方都有过错的，按照各自过错的比例分担责任。

机动车与非机动车驾驶人、行人之间发生交通事故，非机动车驾驶人、行人没有过错的，由机动车一方承担赔偿责任；有证据证明非机动车驾驶人、行人有过错的，根据过错程度适当减轻机动车一方的赔偿责任；机动车一方没有过错的，承担不超过百分之十的赔偿责任。

（3）医疗损害责任

患者在诊疗活动中受到损害，医疗机构及其医务人员有过错的，由医疗机构承担赔偿责任。

医务人员在诊疗活动中应当向患者说明病情和医疗措施。需要实施手术、特殊检查、特殊治疗的，医务人员应当及时向患者说明医疗风险、替代医疗方案等情况，并取得其书面同意；不宜向患者说明的，应当向患者的近亲属说明，并取得其书面同意。医务人员未尽义务，造成患者损害的，医疗机构应当承担赔偿责任。

医务人员在诊疗活动中未尽到与当时的医疗水平相应的诊疗义务，造成患者损害的，医疗机构应当承担赔偿责任。

（4）环境污染责任

因污染环境造成损害的，污染者应当承担侵权责任。

因污染环境发生纠纷，污染者应当就法律规定的不承担责任或者减轻责任的情形及其行为与损害之间不存在因果关系承担举证责任。

因第三人的过错污染环境造成损害的，被侵权人可以向污染者请求赔偿，也可以向第三人请求赔偿。污染者赔偿后，有权向第三人追偿。

（5）高度危险责任

从事高度危险作业造成他人损害的，应当承担侵权责任。

占有或者使用易燃、易爆、剧毒、放射性等高度危险物造成他人损害的，占有人或者使用人应当承担侵权责任，但能够证明损害是因受害人故意或者不可抗力造成的，不承担责任。被侵权人对损害的发生有重大过失的，可以减轻经营者的责任。

未经许可进入高度危险活动区域或者高度危险物存放区域受到损害，管理人已经采取安全措施并尽到警示义务的，可以减轻或者不承担责任。

（6）饲养动物损害责任

饲养的动物造成他人损害的，动物饲养人或者管理人应当承担侵权责任，但能够证明损害是因被侵权人故意或者重大过失造成的，可以不承担或者减轻责任。

动物园的动物造成他人损害的，动物园应当承担侵权责任，但能够证明尽到管理职责的，不承担责任。

因第三人的过错致使动物造成他人损害的，被侵权人可以向动物饲养人或者管理人请求赔偿，也可以向第三人请求赔偿。动物饲养人或者管理人赔偿后，有权向第三人追偿。

（7）物件损害责任

建筑物、构筑物或者其他设施及其搁置物、悬挂物发生脱落、坠落造成他人损害，所有人、管理人或者使用人不能证明自己没有过错的，应当承担侵权责任。

从建筑物中抛掷物品或从建筑物上坠落的物品造成他人损害，难以确定具体侵权人的，除能够证明自己不是侵权人的外，由可能加害的建筑物使用人给予补偿。

在公共道路上堆放、倾倒、遗撒妨碍通行的物品造成他人损害的，有关单位或者个人应当承担侵权责任。

在公共场所或道路上挖坑、修缮安装地下设施等，没有设置明显标志和采取安全措施造成他人损害的，施工人应当承担侵权责任。

三、无因管理和不当得利之债

1. 无因管理之债

无因管理，是指没有法定或者约定的义务，为避免他人利益受损失而进行管理的人，有权请求受益人偿还由此支持的必要费用。例如：张某同李某系邻居，李某外出打工多年，李某的房屋受损。张某为了避免李某房屋坍塌，雇佣人员对李某的房屋进行修复，支出修复费用五千元。张某的行为构成无因管理，张某有权要求李某支付房屋修复费用五千元。

2. 不当得利之债

不当得利，是指因他人没有法律根据，取得不当利益，受损失的人有权请求其返还不当利益。例如：张某偿还李某借款一万元，李某向张某提供银行账号，因张某疏忽输错银行账号，将一万元款项汇入王某的账户，王某即构成不当得利，张某有权要求王某返还该一万元。

第七节　物　权

一、物权及其变动

1. 物权的概念与特征

（1）物权的概念

物权，是指权利人依法对特定物享有直接支配和排他的权利，包括所有权、用益物权和担保物权。物权制度产生于罗马法，物权概念现为多数国家的立法所接受，物权法也成为现今各国民法的重要组成部分。2007年3月16日，我国第十届全国人民代表大会第五次会议通过《中华人民共和国物权法》，于2007年10月1日起施行。

（2）物权的特征

① 物权是以特定的物为客体的权利　物权的客体是物，并且是特定的、明确的，物权中的物一般包括动产和不动产。

② 物权是直接支配并享有物的利益的权利　权利人对特定物的享有物权，即享有对该特定物的占有、使用、收益、处分的权利。

③ 物权是具有排他性的权利　物权具有权利人排除他人干涉并独占享受其利益的效力，其效力及于物权人之外的任何人。

2. 物权的变动

物权的变动包括物权的设立、变更、转让和消灭。物权法对于不动产物权、动产物权的变动，分别进行了不同的规定。

（1）不动产物权的变动

不动产物权的设立、变更、转让和消灭经依法登记发生效力；未经登记不发生效力，但法律另有规定的除外。

当事人之间订立有关设立、变更、转让和消灭不动产物权的合同，除法律另有规定或者合同另有约定外，自合同成立时生效；未办理物权登记的，不影响合同效力。

> **案例**：张某某与李某某签订了房屋买卖合同，张某某将房屋交付给了李某某，李某某亦支付了全部房款，但房产未办理产权变更登记手续。问：张某某与李某某签订的房屋买卖合同是否有效，该房屋的物权是否变动，法律依据是什么？
>
> **分析**：张某某与李某某签订的房屋买卖合同有效，因为物权法规定，当事人之间订立有关设立、变更、转让和消灭不动产物权的合同，除法律另有规定或者合同另有约定外，自合同成立时生效。但是该房屋的物权未发生变动，因为物权法规定，不动产物权的设立、变更、转让和消灭经依法登记发生效力。本案中，李某某可以要求张某某协助办理房屋变更登记手续，即办理物权变更登记，从而产生物权变动的效力。

（2）动产物权的变动

动产物权的设立和转让，自交付时发生效力，但法律另有规定的除外。船舶、航空器和机动车等物权的设立、变更、转让和消灭，未经登记不得对抗善意第三人。

> **案例**：张某将其所有的一台电脑转让给李某，该电脑转让自何时发生物权效力？王某将其所有的一辆机动车转让给赵某，王某将机动车交付给赵某是否发生物权变动的效力？如果在王某与赵某的机动车转让合同签订后，王某将该机动车转让给不知情的钱某并应钱某要求办理了该车辆的变更登记手续。现赵某与钱某因该车的物权发生争议，该车辆的物权由谁享有？
>
> **分析**：该电脑自张某将电脑交付给李某时即发生转移，产生物权变动的效力。王某将其所有的机动车转让给赵某，王某将机动车交付给赵某时就产生物权发生变动的效力。如果赵某没有办理该车辆的变更登记手续，王某又将该机动车转让给不知情的钱某并办理了该车辆的变更登记手续，该车的物权由钱某享有。

二、所有权

1. 一般规定

所有权，是指所有权人对自己的不动产或者动产，依法享有占有、使用、收益和处分的权利。所有权人有权在自己的不动产或者动产上设立用益物权和担保物权。例如：张某购买一套商品房，开发商将该房屋交付给张某并办理了物权登记，张某取得了该房屋的所有权。张某可以对该房屋进行占有、使用，也可以将该房屋出租给他人收取租金取得收益，还可以将该房屋出售给他人取得房款。

为了公共利益的需要，依照法律规定的权限和程序可以征收集体所有的土地和单位、个人的房屋及其他不动产。征收集体所有的土地，应当依法足额支付土地补偿费、安置补助费、地上附着物和青苗的补偿费等费用，安排被征地农民的社会保障费用，保障被征地农民的生活，维护被征地农民的合法权益。征收单位、个人的房屋及其他不动产，应当依法给予拆迁补偿，维护被征收人的合法权益；征收个人住宅的，还应当保障被征收人的居住条件。

2. 共有

现实生活中我们会遇到某一财产由两个以上的单位、个人共同享有的情况。这种情况下，针对某一财产所产生的所有权只有一个，但一个所有权可以为两个以上的民事主体共同享有。民法将这种共同享有所有权的情形称之为共有，分为按份共有和共同共有。

按份共有，是指两个或者两个以上的民事主体按确定的份额对同一财产分享权利、分担义务的共有。如张某出资70％、李某出资30％购买一套门面房，张某对该房屋享有70％的份额，李某对该房屋享有30％的份额。共同共有，是指两个或者两个以上民事主体不分份额地对同一财产享受权利和义务。例如：夫妻关系存续期间所得的财产以及家庭成员共同获得的财产等。

处分共有的不动产或者动产以及对共有的不动产或者动产作重大修缮的，应当经占份额三分之二以上的按份共有人或者全体共同共有人同意，但共有人之间另有约定的除外。例如：夫妻关系存续期间所得的房屋为夫妻共同共有的财产，处分该房屋时须经夫妻二人同意。

三、用益物权

用益物权，是指以一定范围内以占有、使用和收益为目的的在他人之物上设立的限制物权。用益物权包括国有土地使用权、宅基地使用权、农村土地承包经营权等。

1. 国有土地使用权

国有土地使用权，是指土地使用者依法使用国家所有土地的权利。国有土地使用权按照用途不同，法律规定了不同的最高使用年限，具体内容是：①居住用地七十年；②工业用地五十年；③教育、科技、文化、卫生、体育用地五十年；④商业、旅游、娱乐用地四十年；⑤综合或者其他用地五十年。

住宅建设用地使用权期间届满的，自动续期；非住宅建设用地使用权期间届满后，依照法律规定办理。

2. 宅基地使用权

宅基地使用权，是指公民在国家或者集体所有的宅基地上所享有的建造房屋以使用居住的物权。宅基地使用权人依法对集体所有的土地享有占有和使用的权利，有权依法利用该土地建造住宅和附属设施。

我国宅基地使用权实行"一户一宅"原则，即农村村民一户只能拥有一处宅基地，且宅基地的面积不得超过省、自治区、直辖市规定的标准。农村村民建造住宅，应当符合乡镇土地利用总体规划，并尽量使用原有的宅基地和村内空闲地。农村村民可以转让给同一集体经济组织内部成员，宅基地依法转让、出租或者赠予的，再申请宅基地的不予批准。

3. 农村土地承包经营权

国家实行农村土地承包经营制度，采取农村集体经济组织内部的家庭承包方式。耕地的承包期为三十年，草地的承包期为三十年至五十年，林地的承包期为三十年至七十年。保持土地承包关系稳定并长久不变，土地承包到期后再延长三十年。其具体内容在土地法中详细介绍。

四、担保物权

担保物权，是指以确保债务的履行为目的而在债务人或者第三人的物上设定的物权。担保物权包括抵押权、质权和留置权。

1. 抵押权

抵押权,是指为担保债务的履行,债务人或者第三人不转移财产的占有,将该财产抵押给债权人,债务人不履行到期债务或者发生当事人约定的实现抵押权的,债权人有权就该财产优先受偿的权利。以不动产抵押的,应当办理抵押登记,抵押权自登记时设立。以动产抵押的,抵押权自抵押合同生效时设立。

抵押权人在债务履行期届满前,不得与抵押人约定债务人不履行到期债务时抵押财产归债权人所有。

> **案例:** 张某向李某借款一百万元人民币,张某以自己所有的房产进行抵押,张某与李某约定张某到期不偿还借款,该房产所有权归李某。后张某到期没有偿还借款,李某诉至人民法院请求法院判决该房产归其所有,法院因其约定违反法律规定而驳回其诉讼请求。李某应当申请对该房产行使抵押权,对该房产进行公开拍卖,对拍卖价款优先受偿。

同一财产向两个以上债权人抵押的,依照下列规定清偿:①抵押权已登记的,按照登记的先后顺序清偿;顺序相同的,按照债权比例清偿;②抵押权已经登记的先于未登记的清偿;③抵押权未登记的,按照债权比例清偿。

2. 质权

质权,是指为担保债务的履行,债务人或者第三人将其动产出质给债权人占有,债务人不履行到期债务或者发生当事人约定的实现质权情形的,债权人有权就该动产优先受偿的权利。

质权分为动产质权和权利质权。设立动产质押,当事人应当采取书面形式订立质押合同,质权自出质人交付质押财产时设立。法律有规定需要到有关部门登记的,质权自登记时设立。例如:股权的质押应当到工商行政管理部门办理登记;知识产权的质押应当到知识产权主管部门办理登记等。

3. 留置权

留置权,是指债务人不履行到期债务,债权人可以留置已经合法占有的债务人的动产，并有权就该动产优先受偿的权利。留置权适用于保管合同、货物运输合同、承揽合同等债权人已经合法占有债务人动产的经济活动。留置权人应当给予债务人两个月以上的履行期间，但鲜活易腐不易保管的动产除外。逾期未履行的，留置权可以留置财产折价，也可以拍卖、变卖留置财产的价款优先受偿。例如：张某将受损车辆交于汽修厂维修，维修完毕后张某拒不支付维修费，汽修厂可以对该车辆行使留置权，对该车辆优先受偿。

第八节　婚　姻　法

一、结婚

1. 结婚的条件

（1）结婚的法定条件

① 必须符合一夫一妻制　要求结婚的男女双方，只能是未婚、丧偶或者离婚的人，法律禁止重婚。

② 必须男女双方完全自愿　婚姻法不允许任何一方对他方加以强迫或任何第三者加以干涉，禁止包办、买卖婚姻和其他干涉婚姻自由的行为。

③ 必须达到法定婚龄　结婚年龄，男方不得早于二十二周岁，女方不得早于二十周岁。

（2）禁止结婚的情形

① 直系血亲和三代以内旁系血亲　直系血亲，是指生育自己和己所生育的上下各代的亲属，如父母与子女之间，祖父母、外祖父母与孙子女、外孙子女之间。旁系血亲，是指具有间接血缘关系的亲属，在血缘上与自己同出于一源的非直系血亲。如同胞兄弟姐妹、堂兄弟姐妹、表兄弟姐妹等。

② 患有医学上认为不应当结婚的疾病　《中华人民共和国母婴保健法》第九条规定："经婚前医学检查，对患指定传染病在传染期内或者有

关精神病在发病期内的，医师应当提出医学意见；准备结婚的男女双方应当暂缓结婚。"

2. 结婚的程序

要求结婚的男女双方必须亲自到婚姻登记机关进行结婚登记。符合结婚登记条件的，予以登记；发给结婚证，即确立夫妻关系。未办理结婚登记的，应当补办登记手续。

办理婚姻登记的机关是县级人民政府民政部门或者乡（镇）人民政府，省、自治区、直辖市人民政府可以按照便民原则确定农村居民办理婚姻登记的具体机关。

3. 无效婚姻和可撤销的婚姻

（1）无效婚姻

无效婚姻的情形：重婚的；有禁止结婚的亲属关系的；婚前患有医学上认为不应当结婚的疾病，婚后尚未治愈的；未达到法定婚龄的。

（2）可撤销的婚姻

因胁迫结婚的，受胁迫的一方可以自结婚登记之日起一年内向婚姻登记机关或人民法院请求撤销该婚姻。被非法限制人身自由的当事人请求撤销婚姻的，应当自恢复人身自由之日起一年内提出。

（3）法律后果

无效或者被撤销的婚姻，自始无效。当事人不具有夫妻的权利和义务。同居期间所得的财产，由当事人协议处理；协议不成时，由人民法院根据照顾无过错方的原则判决。对重婚导致的婚姻无效的财产处理，不得侵害合法婚姻当事人的财产权益。

二、家庭关系

男女双方结婚登记即形成夫妻关系，夫妻之间因子女的出生，又会衍生出父母子女关系，祖父母、外祖父母与孙子女、外孙子女关系，以及兄弟姐妹的权利义务关系，共同组成家庭关系。

1. 夫妻关系

(1) 夫妻人身关系

夫妻在家庭中地位平等，主要表现在：a. 夫妻双方都有各用自己姓名的权利。子女可以随父姓，也可以随母姓。b. 夫妻双方都有参加生产、工作、学习和社会活动的自由，一方不得对他方加以限制或干涉。c. 夫妻双方都有实行计划生育的义务。d. 相互忠实的义务。夫妻应当互相忠实，互相尊重。e. 夫妻有相互扶养的义务。一方不履行扶养义务时，需要扶养的一方，有要求对方付给扶养费的权利。

(2) 夫妻财产关系

① 法定财产制度

a. 夫妻共同财产　夫妻在婚姻关系存续期间所得的下列财产，归夫妻共同所有：工资、奖金；生产、经营的收益；知识产权的收益；继承或者赠予所得的财产，但遗嘱或者赠予合同中确定只归夫或妻一方的财产除外；其他应当归共同所有的财产。夫妻一方个人财产在婚后产生的收益，除孳息和自然增值外，应认定为夫妻共同财产。

b. 夫妻一方财产　夫妻一方财产的情形：一方的婚前财产；一方因身体受到伤害获得的医疗费、残疾生活补助费等费用；遗嘱或者赠予合同中确定只归夫或妻一方的财产；一方专用的生活用品；其他应当归一方的财产。夫妻一方所有的财产，不因婚姻关系的延续而转化为夫妻共同财产。但当事人另有约定的除外。

c. 房屋产权归属　由一方婚前承租、婚后用共同财产购买的房屋，房屋权属证书登记在一方名下的，应当认定为夫妻共同财产。

结婚前，父母为双方购置房屋出资的，该出资应当认定为对自己子女的个人赠予，但父母明确表示赠予双方的除外。结婚后由一方父母出资为子女购买的不动产，产权登记在出资人子女名下的，视为只对自己子女一方的赠予为夫妻一方的个人财产；由双方父母出资购买的不动产，产权登记在一方子女名下的，该不动产可认定为双方按照各自父母的出资份额按份共有，但当事人另有约定的除外。

夫妻一方婚前签订不动产买卖合同，以个人财产支付首付款并在银行贷款，婚后用夫妻共同财产还贷，不动产登记于首付款支付方名下的，离婚时该不动产由双方协议处理；不能达成协议的，人民法院可以判决该不动产归产权登记一方，尚未归还的贷款为产权登记一方的个人债务。双方婚后共同还贷支付的款项及其相对应财产增值部分，离婚时由产权登记一方对另一方进行补偿。

> **案例**：甲于 1999 年 9 月购置了一套价值 20 万元住房，首付房款 10 万元。2000 年 10 月甲与乙登记结婚，婚后至 2009 年支付房款 10 万元，2010 年房产证确权至甲方名下。2008 年乙方购置轿车一辆，依法继承遗产价值 15 万。2012 年甲因工受伤，受伤获赔残疾人生活补助费 12 万元，甲名下另有存款 8 万元；2015 年 5 月甲乙双方因感情不和欲离婚，请分析上述财产哪些属于夫妻共同财产，哪些属于夫妻一方财产。
>
> **分析**：甲购置的住房产权归甲，双方婚后共同支付的房款 10 万元及其相对应财产增值部分，离婚时由甲对乙进行补偿；乙婚后购置的轿车、依法继承遗产以及甲名下的存款为夫妻共同财产；甲因工受伤获得的残疾人生活补助费为甲的个人财产。

② 约定财产制度　夫妻可以约定婚姻关系存续期间所得的财产以及婚前财产归各自所有、共同所有或部分各自所有、部分共同所有。约定应当采用书面形式。夫妻对婚姻关系存续期间所得的财产以及婚前财产的约定，对双方具有约束力。没有约定或约定不明确的，适用法定财产制度的规定。

婚前或者婚姻关系存续期间，当事人约定将一方所有的房产赠予另一方，赠予方在赠予房产变更登记之前撤销赠予，另一方请求判令继续履行的，人民法院可以按照下列规定处理：赠予人在赠予财产的权利转移之前可以撤销赠予；具有救灾、扶贫等社会公益、道德义务性质的赠予合同或者经过公证的赠予合同，不可以撤销赠予。

2. 其他家庭关系

(1) 父母子女关系

父母对子女有抚养教育的义务；子女对父母有赡养扶助的义务。子女对父母的赡养义务不因父母的婚姻关系变化而终止。父母不履行抚养义务时，未成年的或不能独立生活的子女，有要求父母付给抚养费的权利。子女不履行赡养义务时，无劳动能力的或生活困难的父母，有要求子女付给赡养费的权利。

非婚生子女享有与婚生子女同等的权利。养父母和养子女间、继父或继母和受其抚养教育的继子女间的权利和义务，适用父母子女关系的规定。

（2）祖父母、外祖父母与孙子女、外孙子女的关系

有负担能力的祖父母、外祖父母，对于父母已经死亡或父母无力抚养的未成年的孙子女、外孙子女，有抚养的义务。有负担能力的孙子女、外孙子女，对于子女已经死亡或子女无力赡养的祖父母、外祖父母，有赡养的义务。

（3）兄弟姐妹间的关系

有负担能力的兄、姐，对于父母已经死亡或父母无力抚养的未成年的弟、妹，有扶养的义务。由兄、姐扶养长大的有负担能力的弟、妹，对于缺乏劳动能力又缺乏生活来源的兄、姐，有扶养的义务。

三、离婚

离婚，是指夫妻双方因感情不和，通过协议或者诉讼依法终止婚姻关系的一种法律行为。离婚的方式有两种：协议离婚和诉讼离婚。

1. 协议离婚

协议离婚，是指婚姻双方当事人自愿离婚，并就离婚的相关问题达成一致协议，经婚姻登记机关认可而解除婚姻关系。男女双方协议离婚的，应当共同到一方当事人常住户口所在地的婚姻登记机关办理离婚登记。婚姻登记机关对当事人确属自愿离婚，并已对子女抚养、财产、债务等问题达成一致处理意见的，应当当场予以登记，发给离婚证。

2. 诉讼离婚

诉讼离婚，是指一方要求离婚，另一方不愿意，或者双方都愿意离婚但对子女和财产处理问题有争议，一方向法院提起离婚诉讼，经法院调解或者判决而解除婚姻关系。

人民法院审理离婚案件应当进行调解，达成调解协议的由人民法院制

作民事调解书，民事调解书与民事判决书具有相同的法律效力。调解无效，不能达成调解协议的，如感情没有破裂，不准予离婚；如感情确已破裂，应准予离婚。

调解无效的应准予离婚的情形：a. 重婚或有配偶者与他人同居的；b. 实施家庭暴力或虐待、遗弃家庭成员的；c. 有赌博、吸毒等恶习屡教不改的；d. 因感情不和分居满二年的；e. 其他导致夫妻感情破裂的情形。

限制离婚的情形：a. 现役军人的配偶要求离婚的须得军人同意，但军人一方有重大过错的除外；b. 女方在怀孕期间、分娩后一年内或者终止妊娠后六个月内，男方不得提出离婚。女方提出离婚的，或人民法院认为确有必要受理男方离婚请求的，不在此限。

3. 离婚的法律后果

(1) 子女的抚养和教育

① 抚养和教育的权利和义务　父母与子女间的关系不因父母离婚而消除。离婚后子女无论由父或母直接抚养仍是父母双方的子女。父母对于子女仍有抚养和教育的权利和义务。

② 子女的抚养权　两周岁以下的子女一般随母方生活；对两周岁以上未成年的子女，由人民法院根据子女的权益和双方的具体情况判决；对于十周岁以上的未成年子女，父母双方应考虑该子女的意见。

③ 子女的抚育费　一方抚养子女，另一方应负担必要的生活费和教育费的一部或者全部，负担费用的多少和期限的长短，由双方协议；协议不成时，由人民法院判决：有固定收入的，抚育费一般可按其月总收入的百分之二十至三十的比例给付；无固定收入的，抚育费的数额可依据当年总收入或同行业平均收入，参照该比例确定。抚育费应定期给付，有条件的可一次性给付。抚育费的给付期限一般至子女十八周岁为止。

④ 父母的探望权　离婚后，不直接抚养子女的父或母，有探望子女的权利，另一方有协助的义务。行使探望权的方式、时间由双方当事人协议；协商不成的，由人民法院判决。父或母探望子女，不利于子女身心健康的，由人民法院依法中止探望的权利；中止的事由消失后，应当恢复探望的权利。

(2) 夫妻财产的处理

① 共有财产的处理　离婚时，夫妻的共同财产由双方协议处理；协

议不成时，由人民法院根据财产的具体情况，照顾子女和女方权益的原则判决。夫或妻在家庭土地承包经营中享有的权益等，应当依法予以保护。

② 共有房屋的处理　双方对夫妻共同财产中的房屋价值及归属无法达成协议时，人民法院按以下情形分别处理：双方均主张房屋所有权并且同意竞价取得的应当准许；一方主张房屋所有权的，由评估机构按市场价格对房屋作出评估，取得房屋所有权的一方应当给予另一方相应的补偿；双方均不主张房屋所有权的，根据当事人的申请拍卖房屋，就所得价款进行分割。

离婚时双方对尚未取得所有权或者尚未取得完全所有权的房屋有争议且协商不成的，人民法院不宜判决房屋所有权的归属，应当根据实际情况判决由当事人使用。当事人就房屋取得完全所有权后，有争议的，可以另行向人民法院提起诉讼。

(3) 夫妻债务的承担

① 夫妻共同债务　夫妻双方共同签字或者夫妻一方事后追认等共同意思表示所负的债务，应当认定为夫妻共同债务；夫妻一方在婚姻关系存续期间以个人名义为家庭日常生活需要所负的债务，债权人以属于夫妻共同债务为由主张权利的，人民法院应予支持。夫或妻一方死亡的，生存一方应当对婚姻关系存续期间的共同债务承担连带清偿责任。

② 夫妻一方债务　夫妻一方在婚姻关系存续期间以个人名义超出家庭日常生活需要所负的债务，债权人以属于夫妻共同债务为由主张权利的，人民法院不予支持，但债权人能够证明该债务用于夫妻共同生活、共同生产经营或者基于夫妻双方共同意思表示的除外。

(4) 其他事项的处理

① 请求补偿　夫妻书面约定婚姻关系存续期间所得的财产归各自所有，一方因抚育子女、照料老人、协助另一方工作等付出较多义务的，离婚时有权向另一方请求补偿，另一方应当予以补偿。

② 困难帮助　离婚时，如一方生活困难，另一方应从其住房等个人财产中给予适当帮助。一方以住房对生活困难者进行帮助的形式，可以是住房的居住权或者房屋的所有权。

③ 损害赔偿　因一方重婚、与他人同居、实施家庭暴力、虐待或者遗弃家庭成员导致离婚的，无过错方有权请求损害赔偿，包括物质损害赔

偿和精神损害赔偿。

④ 彩礼返还　当事人请求返还按照习俗给付的彩礼的，人民法院应当予以支持的情形：a. 双方未办理结婚登记手续的；b. 双方办理结婚登记手续但确未共同生活的；c. 婚前给付并导致给付人生活困难的。适用第 b、c 项的规定应当以双方离婚为条件。

第九节　继　承　法

一、遗产与继承

1. 遗产

遗产是自然人死亡时遗留的个人合法财产。遗产必须同时符合如下条件：遗产是自然人死亡时遗留的财产；遗产是个人所有的财产；遗产是合法的财产。

自然人遗产的范围包括：工资奖金、生产经营收益等收入；房屋、储蓄和生活用品；林木、牲畜和家禽；文物、图书资料；法律允许公民所有的生产资料；公民的著作权、知识产权中的财产权利；有价证券和履行标的为财物的债权等其他合法财产。

夫妻在婚姻关系存续期间所得的财产，分割遗产时应当先将共同财产的一半分出为配偶所有，其余的为被继承人的遗产。遗产在家庭共有财产之中的，遗产分割时应当先分出他人的财产。

2. 继承与继承权

(1) 继承

继承，是指对死者生前财产权利义务的承受。生前享有财产因死亡而转移给他人的死者是被继承人，依法承受被继承人遗产的人是继承人。

继承从被继承人死亡时开始。相互有继承关系的几个人在同一事件中死亡，如不能确定死亡先后时间的，推定没有继承人的人先死亡。死亡人各自都有继承人的，如几个死亡人辈分不同，推定长辈先死亡；几个死亡人辈分相同，推定同时死亡，彼此不发生继承，由他们各自的继承人分别继承。

（2）继承权

继承权，是指继承人依法享有的继承被继承人遗产的权利。国家依法保护自然人的继承权。继承开始后，按照法定继承办理；有遗嘱的，按照遗嘱继承或者遗赠办理；有遗赠扶养协议的，按照协议办理。

继承人有下列行为之一的，丧失继承权：故意杀害被继承人的；为争夺遗产而杀害其他继承人的；遗弃被继承人的，或者虐待被继承人情节严重的；伪造、篡改或者销毁遗嘱，情节严重的。

二、遗产的继承方式

1. 法定继承

法定继承，是指根据法律直接规定继承人的范围、继承的先后顺序、遗产份额分配的原则，来继承被继承人遗产的法律制度。

（1）法定继承人的范围和顺序

法定继承男女平等，按照下列顺序继承：第一顺序是配偶、子女、父母；第二顺序是兄弟姐妹、祖父母、外祖父母。

法定继承人中的子女，包括婚生子女、非婚生子女、养子女和有扶养关系的继子女。父母，包括生父母、养父母和有扶养关系的继父母。兄弟姐妹，包括同父母的兄弟姐妹、同父异母或者同母异父的兄弟姐妹、养兄弟姐妹、有扶养关系的继兄弟姐妹。

继承开始后，由第一顺序继承人继承，第二顺序继承人不继承。没有第一顺序继承人继承的，由第二顺序继承人继承。

（2）法定继承的遗产分配

同一顺序继承人继承遗产的份额，一般应当均等。对生活有特殊困难的缺乏劳动能力的继承人，分配遗产时，应当予以照顾。对被继承人尽了主要扶养义务或者与被继承人共同生活的继承人，分配遗产时可以多分。有扶养能力和有扶养条件的继承人，不尽扶养义务的，分配遗产时，应当不分或者少分。

对继承人以外的依靠被继承人扶养的缺乏劳动能力又没有生活来源的人，或者继承人以外的对被继承人扶养较多的人，可以分给他们适当的遗产。丧偶儿媳对公、婆，丧偶女婿对岳父、岳母，尽了主要赡养义务的，作为第一顺序继承人继承遗产。

（3）代位继承

代位继承，是指被继承人的子女先于被继承人死亡的，由被继承人子女的晚辈直系血亲代其继承被继承人的遗产。代位继承人一般只能继承他的父亲或者母亲有权继承的遗产份额。

代位继承具有如下特征：代位继承适用于法定继承，不适用于遗嘱和遗赠继承；代位继承适用于被继承人的子女先于被继承人死亡的；被代位继承人是被继承人的子女；代位继承人是被继承人的子女的晚辈直系血亲，孙子女、外孙子女等；代位继承人一般只能继承被代位继承人有权继承的遗产份额。

（4）转继承

转继承，是指继承人在继承开始之后，遗产分割之前死亡，其应继承的遗产份额转由其继承人继承。

转继承具有如下特征：转继承适用于法定继承也可以适用于遗嘱和遗赠继承；转继承适用于继承人在继承开始之后，遗产分割之前死亡的；转继承的继承人继承开始时享有继承权，继承人死亡后应继承的遗产份额由其继承人继承。

案例：王某某与配偶生有一子两女。王某某的父母早年去世，其配偶于 1990 年 1 月死亡，大女儿于 2013 年 11 月死亡。王某某由其儿子和小女儿赡养至 2017 年 6 月死亡，留有遗产房屋一套价值 120 万。在处理完王某某丧葬事宜之后，遗产尚未予以分割之时，王某某的儿子因意外死亡。为继承王某某的遗产 120 万，王某某的丧偶女婿、双胞胎外孙，以及王某某的儿媳、孙子，以及王某的小女儿、王某某的哥哥因遗产继承发生争执。问：此遗产 120 万应当如何处理，为什么？

分析：王某某的父母早年去世，其配偶于 1990 年 1 月死亡，不发生法定继承。王某某的一子两女是第一顺序继承人，王某某的哥哥是第二顺序继承人。

根据继承开始后，由第一顺序继承人继承、第二顺序继承人不继承的法律规定，王某某的遗产 120 万元由王某某的一子两女继承，王某某的哥哥不继承。

王某某的丧偶女婿在王某某的大女儿去世后未对王某某尽主要赡养义务不享有继承权，王某某的双胞胎外孙代位继承王某某的大女儿应继承的遗产份额，为遗产 120 万的三分之一即 40 万元。

王某某的儿子在继承开始之后，遗产分割之前死亡，其应继承的遗产份额为遗产 120 万的三分之一转由其继承人配偶和儿子即王某某的儿媳和孙子继承。

王某某的小女儿根据法律规定继承王某某遗产 120 万的三分之一即 40 万元。

2. 遗嘱和遗赠继承

（1）遗嘱

遗嘱，是指公民生前按照法律规定的方式，对其个人财产进行预先的处分，并于死后发生法律效力的一种民事法律行为。公民可以依法立遗嘱处分个人财产，并可以指定遗嘱执行人。公民可以立遗嘱将个人财产指定由法定继承人的一人或者数人继承。

遗嘱是立遗嘱人的单方民事法律行为，所立遗嘱要得到法律的认可具有法律确认的效力，需要具备如下条件：①遗嘱人立遗嘱时必须具有遗嘱能力。完全民事行为能力人具有遗嘱能力，所立遗嘱具有法律效力；无民事行为能力人、限制民事行为能力人不具有遗嘱能力，所立遗嘱不具有法律效力。②遗嘱必须是遗嘱人的真实意思表示。遗嘱人必须真实知晓遗嘱内容及其法律后果，并且与其主观愿望完全一致。遗嘱人受胁迫、欺骗所立的遗嘱无效，伪造的遗嘱无效，遗嘱被篡改的内容无效。③遗嘱的内容必须合法，不违背公序良俗。遗嘱所涉财产必须合法取得，且不得处分他人财产。遗嘱应当对缺乏劳动能力又没有生活来源的继承人保留必要的遗产份额，不得剥夺该继承人的继承权利。④遗嘱的形式必须符合法律规定。遗嘱有公证遗嘱、自书遗嘱、代书遗嘱、录音遗嘱、口头遗嘱等五种形式。

公证遗嘱由遗嘱人经公证机关办理，由公证机关依法出具遗嘱公证书。自书遗嘱由遗嘱人亲笔书写，签名，注明年、月、日。自书遗嘱由遗赠人亲笔书写的法律规定，决定了他人书写和电脑打印的遗嘱不符合自书遗嘱的构成要件。代书遗嘱应当有两个以上见证人在场见证，由其中一人代书，注明年、月、日，并由代书人、其他见证人和遗嘱人签名。以录音形式立的遗嘱，应当有两个以上见证人在场见证。随着电子产品的普及使用，以及录音遗嘱的可更改性，录音遗嘱一般不再独立使用，越来越成为其他遗嘱形式的辅助形式。口头遗嘱应当有两个以上见证人在场见证。口头遗嘱适用于遗嘱人在危急情况下所立，危急情况解除后遗嘱人能够用书面或者录音形式立遗嘱的，所立的口头遗嘱无效。

遗嘱人以不同形式立有数份内容相抵触的遗嘱，没有公证遗嘱的以最后所立的遗嘱为准，有公证遗嘱的以最后所立公证遗嘱为准。

（2）遗赠

遗赠，是指自然人生前按照法律规定的方式，将其个人财产赠给国家、集体或者法定继承人以外的人，并于死后发生法律效力的一种民事法律行为。

遗赠附有义务的受遗赠人应当履行义务。没有正当理由不履行义务的，经有关单位或者个人请求，人民法院可以取消他接受遗产的权利。

3. 遗赠扶养协议

自然人可以与扶养人签订遗赠扶养协议。按照协议，扶养人承担该自然人生养死葬的义务，享有受遗赠的权利。

自然人可以与集体所有制组织签订遗赠扶养协议。按照协议，集体所有制组织承担该自然人生养死葬的义务，享有受遗赠的权利。

扶养人或集体组织无正当理由不履行遗赠扶养协议导致解除的，不能享受遗赠的权利，其支付的供养费用一般不予补偿；遗赠人无正当理由不履行遗赠扶养协议导致解除的，则应偿还扶养人或集体组织已支付的供养费用。

三、遗产的处理

1. 继承的接受与放弃

继承开始后，继承人放弃继承的应当在遗产处理前作出放弃继承的表示，没有表示的视为接受继承。继承人没有表示放弃继承于遗产分割前死亡的，其继承遗产的权利转移给他的合法继承人。

受遗赠人应当在知道受遗赠后两个月内，作出接受或者放弃受遗赠的表示。到期没有表示的，视为放弃受遗赠。受遗赠人表示接受遗赠于遗产分割前死亡的，其接受遗赠的权利转移给他的继承人。

2. 遗产继承

继承开始后，按照法定继承办理；有遗嘱的按照遗嘱继承或者遗赠办理；有遗赠扶养协议的，按照遗赠扶养协议办理。无人继承又无人受遗赠的遗产，归国家所有；死者生前是集体所有制组织成员的，归所在集体所有制组织所有。

遗产分割时，应当保留胎儿的继承份额。如胎儿出生后死亡的由其继承人继承，如胎儿出生时就是死体的，保留的份额按照法定继承办理。夫妻一方死亡后另一方再婚的，有权处分所继承的财产，任何人不得干涉。

遗产分割应当有利于生产和生活需要，不损害遗产的效用。不宜分割的遗产，可以采取折价、适当补偿或者共有等方法处理。

3. 债务清偿

继承遗产应当清偿被继承人依法应当缴纳的税款和债务，缴纳税款和清偿债务以他的遗产实际价值为限。继承人放弃继承的，对被继承人依法应当缴纳的税款和债务可以不负偿还责任。执行遗赠不得妨碍清偿遗赠人依法应当缴纳的税款和债务。

继承人中有缺乏劳动能力又没有生活来源的人，即使遗产不足清偿债务，也应为其保留适当遗产。

遗产已被分割而未清偿债务时，如有法定继承又有遗嘱继承和遗赠的，首先由法定继承人用其所得遗产清偿债务；不足清偿时，剩余的债务由遗嘱继承人和受遗赠人按比例用所得遗产偿还；如果只有遗嘱继承和遗赠的，由遗嘱继承人和受遗赠人按比例用所得遗产偿还。

第四章

经济法

第一节 土 地 法

一、土地管理法

1. 土地的所有权和使用权

（1）土地所有权

土地所有权是国家或者农民集体依法对其所有的土地所享有的占有、使用、收益和处分的权利。我国土地所有权分为国家所有和农民集体所有两种类型。

① 国家所有　属于国家所有的土地有：城市市区的土地；农村和城市郊区中已经依法没收、征收、征购为国有的土地；国家依法征收的土地；依法不属于集体所有的林地、草地、荒地、滩涂及其他土地；农村集体经济组织全部成员转为城镇居民的，原属于其成员集体所有的土地；因国家组织移民、自然灾害等原因，农民成建制地集体迁移后不再使用的原属于迁移农民集体所有的土地。

② 农民集体所有　农村和城市郊区的土地，除由法律规定属于国家所有的以外，属于农民集体所有；宅基地和自留地、自留山，属于农民集体所有。

（2）土地使用权

① 国有土地使用权　国有土地和农民集体所有的土地，可以依法确

定给单位或者个人使用。土地使用权出让，可以采取拍卖、招标或者双方协议的方式。商业、旅游、娱乐和豪华住宅用地，有条件的，必须采取拍卖、招标方式；没有条件，不能采取拍卖、招标方式的，可以采取双方协议的方式。采取双方协议方式出让土地使用权的出让金不得低于按国家规定所确定的最低价。

单位和个人依法使用的国有土地，由县级以上人民政府登记造册，核发证书，确认使用权；其中，中央国家机关使用的国有土地的具体登记发证机关，由国务院确定。

② 集体土地使用权　农民集体所有的土地依法属于村农民集体所有的，由村集体经济组织或者村民委员会经营、管理；已经分别属于村内两个以上农村集体经济组织的农民集体所有的，由村内各该农村集体经济组织或者村民小组经营、管理；已经属于乡（镇）农民集体所有的，由乡（镇）农村集体经济组织经营、管理。

土地的所有权和使用权的登记，依照有关不动产登记的法律、行政法规执行，即根据物权法由不动产所在地的登记机构办理。依法登记的土地的所有权和使用权受法律保护，任何单位和个人不得侵犯。

(3) 土地所有权和使用权争议

土地所有权和使用权争议，由当事人协商解决；协商不成的，由人民政府处理。单位之间的争议，由县级以上人民政府处理；个人之间、个人与单位之间的争议，由乡级人民政府或者县级以上人民政府处理。当事人对有关人民政府的处理决定不服的，可以自接到处理决定通知之日起三十日内，向人民法院起诉。在土地所有权和使用权争议解决前，任何一方不得改变土地利用现状。

2. 土地利用总体规划

(1) 土地的分类

国家编制土地利用总体规划，规定土地用途，将土地分为农用地、建设用地和未利用地。严格限制农用地转为建设用地，控制建设用地总量，对耕地实行特殊保护。使用土地的单位和个人必须严格按照土地利用总体规划确定的用途使用土地。

农用地，是指直接用于农业生产的土地，包括耕地、林地、草地、农田水利用地、养殖水面等。建设用地，是指建造建筑物、构筑物的土地，包括城乡住宅和公共设施用地、工矿用地、交通水利设施用地、旅游用地、军事设施用地等。未利用地，是指农用地和建设用地以外的土地。

（2）土地利用总体规划

① 土地利用总体规划的编制　各级人民政府应当组织编制土地利用总体规划。土地利用总体规划按照下列原则编制：a. 落实国土空间开发保护要求，严格土地用途管制；b. 严格保护永久基本农田，严格控制非农业建设占用农用地；c. 提高土地节约集约利用水平；d. 统筹安排城乡生产、生活、生态用地，满足乡村产业和基础设施用地合理需求，促进城乡融合发展；e. 保护和改善生态环境，保障土地的可持续利用；f. 占用耕地与开发复垦耕地数量平衡、质量相当。省、自治区、直辖市人民政府编制的土地利用总体规划，应当确保本行政区域内耕地总量不减少。

② 土地利用总体规划的审批　省、自治区、直辖市的土地利用总体规划，报国务院批准。省、自治区人民政府所在地的市、人口在一百万以上的城市以及国务院指定的城市的土地利用总体规划，经省、自治区人民政府审查同意后，报国务院批准。其他城镇土地利用总体规划，逐级上报省、自治区、直辖市人民政府批准；其中，乡（镇）土地利用总体规划可以由省级人民政府授权的设区的市、自治州人民政府批准。土地利用总体规划一经批准，必须严格执行。

（3）土地利用年度计划

各级人民政府应当加强土地利用计划管理，实行建设用地总量控制。土地利用年度计划，根据国民经济和社会发展计划、国家产业政策、土地利用总体规划以及建设用地和土地利用的实际状况编制。土地利用年度计划应当对土地管理法第六十三条规定的集体经营性建设用地作出合理安排。土地利用年度计划的编制审批程序与土地利用总体规划的编制审批程序相同，一经审批下达，必须严格执行。

3. 耕地保护

（1）耕地保护制度

国家保护耕地，严格控制耕地转为非耕地。国家实行占用耕地补偿制度。非农业建设经批准占用耕地的，按照"占多少，垦多少"的原则，由占用耕地的单位负责开垦与所占用耕地的数量和质量相当的耕地；没有条件开垦或者开垦的耕地不符合要求的，应当按照省、自治区、直辖市的规定缴纳耕地开垦费，专款用于开垦新的耕地。省、自治区、直辖市人民政府应当制定开垦耕地计划，监督占用耕地的单位按照计划开垦耕地或者按照计划组织开垦耕地，并进行验收。

省、自治区、直辖市人民政府应当严格执行土地利用总体规划和土地利用年度计划，采取措施，确保本行政区域内耕地总量不减少、质量不降低。耕地总量减少的，由国务院责令在规定期限内组织开垦与所减少耕地的数量与质量相当的耕地；耕地质量降低的，由国务院责令在规定期限内组织整治。新开垦和整治的耕地由国务院自然资源主管部门会同农业农村主管部门验收。个别省、直辖市确因土地后备资源匮乏，新增建设用地后，新开垦耕地的数量不足以补偿所占用耕地的数量的，必须报经国务院批准减免本行政区域内开垦耕地的数量，易地开垦数量和质量相当的耕地。

（2）永久基本农田保护

国家实行永久基本农田保护制度。下列耕地应当根据土地利用总体规划划为永久基本农田，实行严格保护：①经国务院农业农村主管部门或者县级以上地方人民政府批准确定的粮、棉、油、糖等重要农产品生产基地内的耕地；②有良好的水利与水土保持设施的耕地，正在实施改造计划以及可以改造的中、低产田和已建成的高标准农田；③蔬菜生产基地；④农业科研、教学试验田；⑤国务院规定应当划为永久基本农田的其他耕地。各省、自治区、直辖市划定的永久基本农田一般应当占本行政区域内耕地的百分之八十以上，具体比例由国务院根据各省、自治区、直辖市耕地实际情况规定。

永久基本农田经依法划定后，任何单位和个人不得擅自占用或者改变其用途。国家能源、交通、水利、军事设施等重点建设项目选址确实难以避让永久基本农田，涉及农用地转用或者土地征收的，必须经国务院批准。禁止通过擅自调整县级土地利用总体规划、乡（镇）土地利用总体规划等方式规避永久基本农田农用地转用或者土地征收的审批。

（3）耕地保护措施

① 改良土壤　各级人民政府应当采取措施，引导因地制宜轮作休耕，

改良土壤，提高地力，维护排灌工程设施，防止土地荒漠化、盐渍化、水土流失和土壤污染。

② 节约用地　非农业建设必须节约使用土地，可以利用荒地的，不得占用耕地；可以利用劣地的，不得占用好地。禁止占用耕地建窑、建坟或者擅自在耕地上建房、挖砂、采石、采矿、取土等。禁止占用永久基本农田发展林果业和挖塘养鱼。

③ 禁止闲置、荒芜耕地　已经办理审批手续的非农业建设占用耕地，一年内不用而又可以耕种并收获的，应当由原耕种该幅耕地的集体或者个人恢复耕种，也可以由用地单位组织耕种；一年以上未动工建设的，应当按照省、自治区、直辖市的规定缴纳闲置费；连续二年未使用的，经原批准机关批准，由县级以上人民政府无偿收回用地单位的土地使用权，该幅土地原为农民集体所有的，应当交由原农村集体经济组织恢复耕种。

④ 开发未利用地　国家鼓励单位和个人按照土地利用总体规划，在保护和改善生态环境、防止水土流失和土地荒漠化的前提下，开发未利用的土地；适宜开发为农用地的，应当优先开发成农用地。国家依法保护开发者的合法权益。

开垦未利用的土地，必须经过科学论证和评估，在土地利用总体规划划定的可开垦的区域内，经依法批准后进行。禁止毁坏森林、草原开垦耕地，禁止围湖造田和侵占江河滩地。根据土地利用总体规划，对破坏生态环境开垦、围垦的土地，有计划有步骤地退耕还林、还牧、还湖。

⑤ 土地整理　地方各级人民政府应当采取措施，改造中、低产田，整治闲散地和废弃地。县、乡（镇）人民政府应当组织农村集体经济组织，按照土地利用总体规划，对田、水、路、林、村综合整治，提高耕地质量，增加有效耕地面积，改善农业生产条件和生态环境。

⑥ 土地复垦　因挖损、塌陷、压占等造成土地破坏，用地单位和个人应当按照国家有关规定负责复垦；没有条件复垦或者复垦不符合要求的，应当缴纳土地复垦费，专项用于土地复垦。复垦的土地应当优先用于农业。

4. 建设用地

（1）国家建设用地

① 国家建设征地的批准　征收永久基本农田、永久基本农田以外的

耕地超过三十五公顷、其他土地超过七十公顷的，由国务院批准。征收其他土地的，由省、自治区、直辖市人民政府批准。建设占用土地，涉及农用地转为建设用地的，应当先行办理农用地转用审批。

国家征收土地的，依照法定程序批准后，由县级以上地方人民政府予以公告并组织实施。

县级以上地方人民政府拟申请征收土地的，应当开展拟征收土地现状调查和社会稳定风险评估，并将征收范围、土地现状、征收目的、补偿标准、安置方式和社会保障等在拟征收土地所在的乡（镇）和村、村民小组范围内公告至少三十日，听取被征地的农村集体经济组织及其成员、村民委员会和其他利害关系人的意见。拟征收土地的所有权人、使用权人应当在公告规定期限内，持不动产权属证明材料办理补偿登记。县级以上地方人民政府应当组织有关部门测算并落实有关费用，保证足额到位，与拟征收土地的所有权人、使用权人就补偿、安置等签订协议；个别确实难以达成协议的，应当在申请征收土地时如实说明。相关前期工作完成后，县级以上地方人民政府方可申请征收土地。

② 国家建设征地的补偿 征收土地应当给予公平、合理的补偿，保障被征地农民原有生活水平不降低、长远生计有保障。征收土地应当依法及时足额支付土地补偿费、安置补助费以及农村村民住宅、其他地上附着物和青苗等的补偿费用，并安排被征地农民的社会保障费用。

征收农用地的土地补偿费、安置补助费标准由省、自治区、直辖市通过制定公布区片综合地价确定。制定区片综合地价应当综合考虑土地原用途、土地资源条件、土地产值、土地区位、土地供求关系、人口以及经济社会发展水平等因素，并至少每三年调整或者重新公布一次。

征收农用地以外的其他土地、地上附着物和青苗等的补偿标准，由省、自治区、直辖市制定。对其中的农村村民住宅，应当按照先补偿后搬迁、居住条件有改善的原则，尊重农村村民意愿，采取重新安排宅基地建房、提供安置房或者货币补偿等方式给予公平、合理的补偿，并对因征收造成的搬迁、临时安置等费用予以补偿，保障农村村民居住的权利和合法的住房财产权益。

县级以上地方人民政府应当将被征地农民纳入相应的养老等社会保障体系。被征地农民的社会保障费用主要用于符合条件的被征地农民的养老保险等社会保险缴费补贴。被征地农民社会保障费用的筹集、管理和使用办法，由省、自治区、直辖市制定。

被征地的农村集体经济组织应当将征收土地的补偿费用的收支状况向本集体经济组织的成员公布，接受监督。禁止侵占、挪用被征用土地单位的征地补偿费用和其他有关费用。

③ 国家建设用地的使用　建设单位使用国有土地，应当以出让等有偿使用方式取得，按照国务院规定的标准和办法，缴纳土地使用权出让金等土地有偿使用费和其他费用后，方可使用土地。

建设单位使用国有土地的，应当按照土地使用权出让等有偿使用合同的约定或者土地使用权划拨批准文件的规定使用土地；确需改变该幅土地建设用途的，应当经有关人民政府自然资源主管部门同意，报原批准用地的人民政府批准。其中，在城市规划区内改变土地用途的，在报批前，应当先经有关城市规划行政主管部门同意。建设项目施工和地质勘查需要临时使用国有土地或者农民集体所有的土地的，由县级以上人民政府自然资源主管部门批准。土地使用者应当根据土地权属，与有关土地行政主管部门或者农村集体经济组织、村民委员会签订临时使用土地合同，按照合同的约定支付临时使用土地补偿费。临时使用土地的使用者应当按照合同约定的用途使用土地，并不得修建永久性建筑物。临时使用土地期限一般不超过二年。

（2）乡村建设用地

① 乡村建设用地的审批　乡镇企业、乡（镇）村公共设施、公益事业、农村村民住宅等乡（镇）村建设，应当按照村庄和集镇规划，合理布局，综合开发，配套建设；建设用地，应当符合乡（镇）土地利用总体规划和土地利用年度计划，并依法办理审批手续。

农村集体经济组织使用乡（镇）土地利用总体规划确定的建设用地兴办企业或者与其他单位、个人以土地使用权入股、联营等形式共同举办企业的，应当持有关批准文件，向县级以上地方人民政府自然资源主管部门提出申请，按照省、自治区、直辖市规定的批准权限，由县级以上地方人民政府批准；其中，涉及占用农用地的，依法办理审批手续。按照规定兴办企业的建设用地，必须严格控制。省、自治区、直辖市可以按照乡镇企业的不同行业和经营规模，分别规定用地标准。

乡（镇）村公共设施、公益事业建设，需要使用土地的，经乡（镇）人民政府审核，向县级以上地方人民政府自然资源主管部门提出申请，按照省、自治区、直辖市规定的批准权限，由县级以上地方人民政府批准；

其中，涉及占用农用地的依法办理审批手续。

② 乡村建设用地的使用　土地利用总体规划，城乡规划确定为工业、商业等经营性用途，并经依法登记的集体经营性建设用地，土地所有权人可以通过出让、出租等方式交由单位或者个人使用，并应当签订书面合同，载明土地界址、面积、动工期限、使用期限、土地用途、规划条件和双方其他权利义务。集体经营性建设用地出让、出租等，应当经本集体经济组织成员的村民会议三分之二以上成员或者三分之二以上村民代表的同意。通过出让等方式取得的集体经营性建设用地使用权可以转让、互换、出资、赠予或者抵押，但法律、行政法规另有规定或者土地所有权人、土地使用权人签订的书面合同另有约定的除外。集体经营性建设用地的出租，集体建设用地使用权的出让及其最高年限、转让、互换、出资、赠予、抵押等，参照同类用途的国有建设用地执行。

集体建设用地的使用者应当严格按照土地利用总体规划、城乡规划确定的用途使用土地。在土地利用总体规划制定前已建的不符合土地利用总体规划确定的用途的建筑物、构筑物，不得重建、扩建。有下列情形之一的，农村集体经济组织报经原批准用地的人民政府批准，可以收回土地使用权：a. 为乡（镇）村公共设施和公益事业建设，需要使用土地的；b. 不按照批准的用途使用土地的；c. 因撤销、迁移等原因而停止使用土地的。

二、农村土地承包法

1. 农村土地承包经营制度

我国实行农村土地承包经营制度。农村土地承包采取农村集体经济组织内部的家庭承包方式，不宜采取家庭承包方式的荒山、荒沟、荒丘、荒滩等农村土地，可以采取招标、拍卖、公开协商等方式承包。承包方承包土地后，享有土地承包经营权，可以自己经营，也可以保留土地承包权，流转其承包地的土地经营权，由他人经营。

（1）农村土地承包的发包方

村集体经济组织或者村民委员会发包，适用于农村土地依法属于村农民集体所有的。

村内各该农村集体经济组织或者村民小组发包，适用于农村土地已经分别属于村内两个以上农村集体经济组织的农民集体所有的。

村集体经济组织或者村民委员会发包的，不得改变村内各集体经济组织农民集体所有的土地的所有权。

(2) 农村土地承包的承包方

① 家庭承包的承包方　农村集体经济组织的农村承包经营户，即依法取得农村土地承包经营权，从事家庭承包经营的农村集体经济组织的成员。农村土地的承包方是本集体经济组织的农户，农户内家庭成员依法平等享有承包土地的各项权益。

② 农村集体经济组织成员的认定　根据《山东省实施〈中华人民共和国农村土地承包法〉办法》第六条规定，符合下列条件之一的本村常住人员，为本集体经济组织的成员：a. 本村出生且户口未迁出的；b. 与本村村民结婚且户口迁入本村的；c. 本村村民依法办理领养手续且户口已迁入本村的子女；d. 其他将户口依法迁入本村，并经本集体经济组织成员的村民会议三分之二以上成员或者三分之二以上村民代表的同意，接纳为本集体经济组织成员的。

根据《山东省实施〈中华人民共和国农村土地承包法〉办法》第七条规定，原户口在本村的下列人员依法享有土地承包经营权：a. 解放军、武警部队的现役义务兵和符合国家有关规定的士官；b. 高等院校、中等职业学校在校学生；c. 已注销户口的刑满释放回本村的人员。

(3) 农村土地承包合同

① 农村土地承包合同期限　耕地的承包期为三十年，草地的承包期为三十年至五十年。林地的承包期为三十年至七十年；耕地承包期届满后再延长三十年，草地、林地承包期届满后依照期限相应延长。

② 农村土地承包合同条款　承包合同一般包括以下条款：a. 发包方、承包方的名称，发包方负责人和承包方代表的姓名、住所；b. 承包土地的名称、坐落、面积、质量等级；c. 承包期限和起止日期；d. 承包土地的用途；e. 发包方和承包方的权利和义务；f. 违约责任。

③ 农村土地承包合同生效　承包合同自成立之日起生效。承包方自承包合同生效时取得土地承包经营权。承包合同生效后，发包方不得因承办人或者负责人的变动而变更或者解除，也不得因集体经济组织的分立或者合并而变更或者解除。国家机关及其工作人员不得利用职权干涉农村土

地承包或者变更、解除承包合同。

国家对耕地、林地和草地等实行统一登记，登记机构应当向承包方颁发土地承包经营权证或者林权证等证书，并登记造册，确认土地承包经营权。土地承包经营权证或者林权证等证书应当将具有土地承包经营权的全部家庭成员列入。

2. 农村土地承包经营权的保护

(1) 承包期内，发包方不得收回承包地

国家保护进城农户的土地承包经营权，不得以退出土地承包经营权作为农户进城落户的条件。承包期内，承包农户进城落户的，引导支持其按照自愿有偿原则依法在本集体经济组织内转让土地承包经营权或者将承包地交回发包方，也可以鼓励其流转土地经营权。承包期内，承包方交回承包地或者发包方依法收回承包地时，承包方对其在承包地上投入而提高土地生产能力的，有权获得相应的补偿。

农村土地承包合同签订后，对发包方和承包方均具有法律约束力，双方均需要自觉遵守。在承包期内，除了符合法律规定可以收回、调整承包地的法定情形以外，发包方不得收回、调整承包地。承包期内，发包方不得单方面解除承包合同，不得假借少数服从多数强迫承包方放弃或者变更土地承包经营权，不得以划分"口粮田"和"责任田"等为由收回承包地搞招标承包，不得将承包地收回抵顶欠款。

(2) 承包期内，发包方不得调整承包地

承包期内，因自然灾害严重毁损承包地等特殊情形对个别农户之间承包的耕地和草地需要适当调整的，必须经本集体经济组织成员的村民会议三分之二以上成员或者三分之二以上村民代表的同意，并报乡（镇）人民政府和县级人民政府农业农村、林业和草原等主管部门批准。承包合同中约定不得调整的，按照其约定。

农村土地承包合同履行中，如果承包方部分家庭成员死亡的，承包合同存续，除了符合法律规定可以调整承包地的法定情形以外，发包方不得调整承包地，即"增人不增地，减人不减地"。如果承包方家庭成员全部死亡的，承包合同终止，承包地收归土地所有权人即村农民集体所有，发包方依法收回承包地。

（3）承包期内，承包方可以自愿将承包地交回发包方

承包期内，承包方可以自愿将承包地交回发包方。承包方自愿交回承包地的，可以获得合理补偿，但是应当提前半年以书面形式通知发包方。承包方在承包期内交回承包地的，在承包期内不得再要求承包土地。

（4）承包期内，发包方不得以村规民约为由侵犯妇女的土地承包权益

承包期内，妇女结婚在新居住地未取得承包地的，发包方不得收回其原承包地；妇女离婚或者丧偶，仍在原居住地生活或者不在原居住地生活但在新居住地未取得承包地的，发包方不得收回其原承包地。

案例：某村民委员会在承包期内违法收回、调整了承包户的承包地并产生纠纷，应如何处理？

分析：如果该村民委员会未将承包地另行发包，承包户可以请求返还承包地；如果该村民委员会已将承包地另行发包给第三人，承包户可以以该村民委员会和第三人为共同被告，请求法院确认其所签订的承包合同无效、返还承包地并赔偿损失。

---

3. 农村土地承包经营权的互换和转让

第十三届全国人民代表大会常务委员会第七次会议于 2018 年 12 月 29 日新修改的《中华人民共和国农村土地承包法》，将土地承包经营权的互换和转让从土地承包经营权的流转中分离出来，与土地承包经营权的保护予以并列。

（1）土地承包经营权的互换

《中华人民共和国农村土地承包法》第三十三条规定："承包方之间为方便耕种或者各自需要，可以对属于同一集体经济组织的土地的土地承包经营权进行互换，并向发包方备案。"

土地承包经营权互换的起因是承包方之间为方便耕作或者各自需要，范围是属于同一集体经济组织的承包地块，后果是交换相应的土地承包经营权。同一集体经济组织的承包方之间自愿将土地承包经营权进行互换，双方对互换土地原享有的承包权利和承担的义务也相应互换。土地承包经营权互换的，当事人可以向登记机构申请登记，未经登记，不得对抗善意第三人。

(2) 土地承包经营权的转让

《中华人民共和国农村土地承包法》第三十四条规定："经发包方同意，承包方可以将全部或者部分的土地承包经营权转让给本集体经济组织的其他农户，由该农户同发包方确立新的承包关系，原承包方与发包方在该土地上的承包关系即行终止。"

土地承包经营权转让的程序需要经过发包方同意，内容是承包方将全部或者部分的土地承包经营权转让给本集体经济组织的其他农户，由该农户同发包方确立新的承包关系，转让方与发包方在该土地上的承包关系即行终止。土地承包经营权转让的，当事人可以向登记机构申请登记，未经登记，不得对抗善意第三人。

4. 农村土地经营权

(1) 农村土地经营权流转的方式

承包方可以自主决定依法采取出租（转包）、入股或者其他方式向他人流转土地经营权，并向发包方备案。承包方流转土地经营权的，其与发包方的承包关系不变。

土地经营权转包，是指承包方将部分或全部土地经营权以一定期限转给同一集体经济组织的其他农户从事农业生产经营。土地经营权出租，是指承包方将部分或全部土地经营权以一定期限租赁给同一集体经济组织以外的个人或者单位从事农业生产经营。土地经营权入股，是指家庭承包以及其他方式承包的承包方将土地经营权量化为股权，自愿联合从事农业生产经营。

(2) 农村土地经营权流转的原则

① 依法、自愿、有偿，任何组织和个人不得强迫或者阻碍土地经营权流转；

② 不得改变土地所有权的性质和土地的农业用途，不得破坏农业综合生产能力和农业生态环境；

③ 流转期限不得超过承包期的剩余期限；

④ 受让方须有农业经营能力或者资质；

⑤ 在同等条件下，本集体经济组织成员享有优先权。

土地经营权流转的价款，应当由当事人双方协商确定。流转的收益归承包方所有，任何组织和个人不得擅自截留、扣缴。

(3) 农村土地经营权流转合同

① 土地经营权流转合同的签订　土地经营权流转，当事人双方应当签订书面流转合同。土地经营权流转期限为五年以上的，当事人可以向登记机构申请土地经营权登记，未经登记，不得对抗善意第三人。承包方将土地交由他人代耕不超过一年的，可以不签订书面合同。

土地经营权流转合同一般包括以下条款：a. 双方当事人的姓名、住所；b. 流转土地的名称、坐落地点、面积、质量等级；c. 流转期限和起止日期；d. 流转土地的用途；e. 双方当事人的权利和义务；f. 流转价款及支付方式；g. 土地被依法征收、征用、占用时有关补偿费的归属；h. 违约责任。

② 土地经营权流转合同的解除　承包方不得单方解除土地经营权流转合同，但受让方有下列情形之一的除外：a. 擅自改变土地的农业用途；b. 弃耕抛荒连续两年以上；c. 给土地造成严重损害或者严重破坏土地生态环境；d. 其他严重违约行为。

土地经营权人擅自改变土地的农业用途、弃耕抛荒连续两年以上、给土地造成严重损害或者严重破坏土地生态环境，承包方在合理期限内不解除土地经营权流转合同的，发包方有权要求终止土地经营权流转合同。土地经营权人对土地和土地生态环境造成的损害应当予以赔偿。

(4) 农村土地经营权的融资担保

承包方可以用承包地的土地经营权向金融机构融资担保，并向发包方备案。受让方通过流转取得的土地经营权，经承包方书面同意并向发包方备案，可以向金融机构融资担保。担保物权自融资担保合同生效时设立。当事人可以向登记机构申请登记，未经登记不得对抗善意第三人。实现担保物权时，担保物权人有权就土地经营权优先受偿。土地经营权融资担保办法由国务院有关部门规定。

5. 其他方式的承包

(1) 其他方式的承包类型

不宜采取家庭承包方式的荒山、荒沟、荒丘、荒滩等可以直接通过招标、拍卖、公开协商等方式实行承包经营，也可以将土地经营权折股分给本集体经济组织成员后，再实行承包经营或者股份合作经营。

招标，是指招标人以事先发出招标公告的方式邀请不特定的投标人在规定的时间、地点参加投标的行为。拍卖，是指以公开竞价的形式，将农村土地的承包经营权以一定期限转给最高应价者的行为。公开协商，是指将农村土地承包的内容和程序公开地进行协商。

(2) 其他方式的承包程序

① 本集体经济组织成员承包　发包方将农村土地经营权发包给本集体经济组织成员，应当经村民会议或者村民代表会议讨论决定。承包方案应当向全体村民公示，公示时间不得少于十五日。在同等条件下本集体经济组织成员有权优先承包。

② 本集体经济组织以外的单位或者个人承包　发包方将农村土地发包给本集体经济组织以外的单位或者个人承包，应当经本集体经济组织成员的村民会议三分之二以上成员或者三分之二以上村民代表的同意，并报乡（镇）人民政府批准。

由本集体经济组织以外的单位或者个人承包的，应当对承包方的资信情况和经营能力进行审查后，再签订承包合同。

(3) 其他方式的承包合同

以招标、拍卖、公开协商等方式承包农村土地的，应当签订承包合同。当事人的权利和义务、承包期限等，由双方协商确定。以招标、拍卖方式承包的，承包费通过公开竞标、竞价确定；以公开协商等方式承包的，承包费由双方议定。

案例：某村民委员会就本村同一荒沟依照法律规定的程序先后签订了两个承包合同，承包方均主张取得土地经营权的，应如何处理？

分析：发包方就同一土地依照法律规定的程序先后签订两个承包合

同，经依法登记取得土地经营权证或者林权证等证书的承包方，取得土地经营权；两个承包方均未依法登记取得土地经营权证或者林权证等证书的，生效在先合同的承包方取得土地经营权；仍无法确定的，已经根据承包合同合法占有使用承包地的人取得土地经营权，但争议发生后一方强行先占承包地的行为和事实不得作为确定土地经营权的依据。

（4）其他方式的承包权益

通过招标、拍卖、公开协商等方式承包农村土地，经依法登记取得土地经营权证或者林权证等权属证书的，可以依法采取出租、入股、抵押或者其他方式流转土地经营权。

通过招标、拍卖、公开协商等方式取得土地经营权的，该承包人死亡，其应得的承包收益，依照继承法的规定继承；在承包期内，其继承人可以继续承包。

第二节　市场管理法

一、产品质量法

在中华人民共和国境内从事产品的生产、销售活动，必须遵守产品质量法。产品质量法所称的产品，是指经过加工、制作，用于销售的产品。建设工程不适用产品质量法规定；但是，建设工程使用的建筑材料、建筑构配件和设备，属于产品范围的，适用产品质量法规定。

1. 生产者的产品质量义务

（1）产品质量义务

生产者应当对其生产的产品质量负责，产品质量应当符合的要求是：①不存在危及人身、财产安全的不合理的危险，有保障人体健康和人身、财产安全的国家标准、行业标准的，应当符合该标准；②具备产品应当具备的使用性能，但是，对产品存在使用性能的瑕疵作出说明的除外；③符合在产品或者其包装上注明采用的产品标准，符合以产品说明、实物样品等方式表明的质量状况。

（2）产品标识义务

产品或者其包装上的标识必须真实，应当附加的产品标识有：①有产品质量检验合格证明；②有中文标明的产品名称、生产厂厂名和厂址；③根据产品的特点和使用要求，需要标明产品规格、等级、所含主要成分的名称和含量的，用中文相应予以标明；需要事先让消费者知晓的，应当在外包装上标明，或者预先向消费者提供有关资料；④限期使用的产品，应当在显著位置清晰地标明生产日期和安全使用期或者失效日期；⑤使用不当，容易造成产品本身损坏或者可能危及人身、财产安全的产品，应当有警示标志或者中文警示说明。裸装的食品和其他根据产品的特点难以附加标识的裸装产品，可以不附加产品标识。

易碎、易燃、易爆、有毒、有腐蚀性、有放射性等危险物品以及储运中不能倒置和其他有特殊要求的产品，其包装质量必须符合相应要求，依照国家有关规定作出警示标志或者中文警示说明，标明储运注意事项。

（3）产品禁止义务

生产者不得生产国家明令淘汰的产品；不得伪造产地，不得伪造或者冒用他人的厂名、厂址；不得伪造或者冒用认证标志等质量标志；不得掺杂、掺假，不得以假充真、以次充好，不得以不合格产品冒充合格产品。

2. 销售者的产品质量义务

（1）进货验收制度

销售者应当建立并执行进货检查验收制度，验明产品合格证明和其他标识。

（2）保持产品质量

销售者应当采取措施，保持销售产品的质量。

（3）产品标识合法

销售者销售的产品的标识必须真实，符合产品标识的规定。

(4) 产品禁止义务

销售者不得销售国家明令淘汰并停止销售的产品和失效、变质的产品；不得伪造产地，不得伪造或者冒用他人的厂名、厂址；不得伪造或者冒用认证标志等质量标志；不得掺杂、掺假，不得以假充真、以次充好，不得以不合格产品冒充合格产品。

3. 生产者、销售者的损害赔偿

(1) 一般产品责任的损害赔偿

销售者售出的产品有下列情形之一的，应当负责修理、更换、退货；给购买产品的消费者造成损失的应当赔偿损失：①不具备产品应当具备的使用性能而事先未说明的；②不符合在产品或者其包装上注明采用的产品标准的；③不符合以产品说明、实物样品等方式表明的质量状况的。

销售者负责修理、更换、退货、赔偿损失后，属于生产者的责任或者属于向销售者提供产品的其他销售者的责任的，销售者有权向生产者、其他销售者追偿。

(2) 缺陷产品责任的损害赔偿

缺陷产品，是指产品存在危及人身、他人财产安全的不合理的危险；产品有保障人体健康和人身、财产安全的国家标准、行业标准的，不符合该标准。

① 缺陷产品责任的赔偿主体　因产品存在缺陷造成人身、缺陷产品以外的其他财产损害的，生产者应当承担赔偿责任。由于销售者的过错使产品存在缺陷，造成人身、其他财产损害的，销售者应当承担赔偿责任。销售者不能指明缺陷产品的生产者也不能指明缺陷产品的供货者的，销售者应当承担赔偿责任。

② 缺陷产品责任的索赔途径　因产品存在缺陷造成人身、他人财产损害的，受害人可以向产品的生产者要求赔偿，也可以向产品的销售者要求赔偿。属于产品生产者的责任，而产品的销售者赔偿的，产品的销售者有权向产品的生产者追偿。属于产品销售者的责任，而产品的生产者赔偿的，产品的生产者有权向产品的销售者追偿。

案例： 2015 年 12 月 28 日是甲的父亲乙的生日。乙生日当天，甲在某商场买了某品牌的电热毯送给父亲。乙当晚使用电热毯被电击经抢救无效死亡。后经有关技术监督部门对电热毯进行了质量监督检验，检验发现电热毯有 2 项技术指标不符合国家有关标准的要求，存在质量缺陷，属劣质产品。协商无果后甲将商场告上了法院，诉讼请求该商场承担赔偿责任。但商场却辩称电热毯的质量问题应该是厂家的责任，所以不应该由商场承担。此案应如何处理？

分析： 电热毯经技术监督部门检验存在质量缺陷，属于劣质产品，没有达到保障人体健康和人身、财产安全的要求。根据《中华人民共和国产品质量法》第四十三条："因产品存在缺陷造成人身、他人财产损害的，受害人可以向产品的生产者要求赔偿，也可以向产品的销售者要求赔偿。属于产品的生产者的责任，产品的销售者赔偿的，产品的销售者有权向产品的生产者追偿。属于产品的销售者的责任，产品的生产者赔偿的，产品的生产者有权向产品的销售者追偿。"的法律规定，该商场应依法承担赔偿责任。如果属于产品的生产者的责任，产品的销售者赔偿后有权向产品的生产者追偿。

③ 缺陷产品责任的赔偿项目　因产品存在缺陷造成受害人人身伤害的，侵害人应当赔偿医疗费、治疗期间的护理费、因误工减少的收入等费用；造成残疾的，还应当支付残疾者生活自助具费、生活补助费、残疾赔偿金以及由其扶养的人所必需的生活费等费用；造成受害人死亡的，并应当支付丧葬费、死亡赔偿金以及由死者生前扶养的人所必需的生活费等费用。因产品存在缺陷造成受害人财产损失的，侵害人应当恢复原状或者折价赔偿。

④ 缺陷产品责任的诉讼时效　因产品存在缺陷造成损害要求赔偿的诉讼时效期间为二年，自当事人知道或者应当知道其权益受到损害时起计算。因产品存在缺陷造成损害要求赔偿的请求权，在造成损害的缺陷产品交付最初消费者满十年丧失，但是，尚未超过明示的安全使用期的除外。

案例： 丁某于 2015 年 6 月从某商场买回一只高压锅，高压锅能正常使用。2017 年 9 月 6 日，丁某做饭时，高压锅发生爆炸，造成燃气灶损坏、丁某受伤，各项经济损失1万余元。发生事故后，丁某找购买高压锅的商场要求赔偿。该商场提出，丁某是2015年买的高压锅，已经过去两年多，早已过了规定的保修期，因此对发生的损害不负责任。丁某与该商场多次交涉未果。问：该商场的理由是否成立？

分析：该商场的理由不能成立。丁某购买的高压锅虽然超过了保修期，但该缺陷产品自购买之日起至造成损害之日止未满十年，丁某受到损害要求赔偿的请求权并不丧失，不影响丁某依据《中华人民共和国产品质量法》第四十五条："因产品存在缺陷造成损害要求赔偿的诉讼时效期间为二年，自当事人知道或者应当知道其权益受到损害时起计算"的规定，在因产品存在缺陷造成损害之日起二年的诉讼时效期间内，向商场要求赔偿自己的全部损失。

二、消费者权益保护法

经营者为消费者提供生产、销售的商品或者提供服务，应当遵守消费者权益保护法。消费者为生活消费需要购买、使用商品或者接受服务，其权益受消费者权益保护法保护；农民购买、使用直接用于农业生产的生产资料，参照受消费者权益保护法执行。

1. 消费者的权利

（1）安全保障权

消费者在购买、使用商品和接受服务时享有人身、财产安全不受损害的权利。消费者有权要求经营者提供的商品和服务，符合保障人身、财产安全的要求。

（2）知悉真情权

消费者享有知悉其购买、使用的商品或者接受的服务的真实情况的权利。消费者有权根据商品或者服务的不同情况，要求经营者提供商品的价格、产地、生产者、用途、性能、规格、等级、主要成分、生产日期、有效期限、检验合格证明、使用方法说明书、售后服务，或者服务的内容、规格、费用等有关情况。

(3) 自主选择权

消费者享有自主选择商品或者服务的权利。消费者有权自主选择提供商品或者服务的经营者，自主选择商品品种或者服务方式，自主决定购买或者不购买任何一种商品、接受或者不接受任何一项服务。消费者在自主选择商品或者服务时，有权进行比较、鉴别和挑选。

(4) 公平交易权

消费者享有公平交易的权利。消费者在购买商品或者接受服务时，有权获得质量保障、价格合理、计量正确等公平交易条件，有权拒绝经营者的强制交易行为。

(5) 获得赔偿权

消费者因购买、使用商品或者接受服务受到人身、财产损害的，享有依法获得赔偿的权利。

(6) 结社权

消费者享有依法成立维护自身合法权益的社会组织的权利。

(7) 获得知识权

消费者享有获得有关消费和消费者权益保护方面的知识的权利。消费者应当努力掌握所需商品或者服务的知识和使用技能，正确使用商品，提高自我保护意识。

(8) 受尊重权

消费者在购买、使用商品和接受服务时，享有人格尊严、民族风俗习惯得到尊重的权利，享有个人信息依法得到保护的权利。

(9) 监督批评权

消费者享有对商品和服务以及保护消费者权益工作进行监督的权利。消费者有权检举、控告侵害消费者权益的行为和国家机关及其工作人员在保护消费者权益工作中的违法失职行为，有权对保护消费者权益工作提出批评、建议。

2. 经营者的义务

(1) 履行法定和约定义务

经营者向消费者提供商品或者服务，应当依照消费者权益保护法和其他有关法律、法规的规定履行义务。经营者和消费者有约定的，应当按照约定履行义务，但双方的约定不得违背法律、法规的规定。

(2) 接受监督的义务

经营者应当听取消费者对其提供的商品或者服务的意见，接受消费者的监督。

(3) 保证商品和服务安全的义务

经营者应当保证其提供的商品或者服务符合保障人身、财产安全的要求。对可能危及人身、财产安全的商品和服务，应当向消费者作出真实的说明和明确的警示，并说明和标明正确使用商品或者接受服务的方法以及防止危害发生的方法。宾馆、商场、餐馆、银行、机场、车站、港口、影剧院等经营场所的经营者，应当对消费者尽到安全保障义务。

经营者发现其提供的商品或者服务存在缺陷，有危及人身、财产安全危险的，应当立即向有关行政部门报告和告知消费者，并采取停止销售、警示、召回、无害化处理、销毁、停止生产或者服务等措施。采取召回措施的，经营者应当承担消费者因商品被召回支出的必要费用。

(4) 提供真实信息的义务

经营者向消费者提供有关商品或者服务的质量、性能、用途、有效期限等信息，应当真实、全面，不得作虚假或者引人误解的宣传。经营者对消费者就其提供的商品或者服务的质量和使用方法等问题提出的询问，应当作出真实、明确的答复。经营者提供商品或者服务应当明码标价。

经营者应当标明其真实名称和标记。租赁他人柜台或者场地的经营者，应当标明其真实名称和标记。采用网络、电视、电话、邮购等方式提供商品或者服务的经营者，以及提供证券、保险、银行等金融服务的经营者，应当向消费者提供经营地址、联系方式、商品或者服务的数量和质量、价款或者费用、履行期限和方式、安全注意事项和风险警示、售后服务、民事责任等信息。

(5) 出具凭证或者单据的义务

经营者提供商品或者服务，应当按照国家有关规定或者商业惯例向消费者出具发票等购货凭证或者服务单据；消费者索要发票等购货凭证或者服务单据的，经营者必须出具。

(6) 保证商品或者服务质量的义务

经营者应当保证在正常使用商品或者接受服务的情况下其提供的商品或者服务应当具有的质量、性能、用途和有效期限；但消费者在购买该商品或者接受该服务前已经知道其存在瑕疵，且存在该瑕疵不违反法律强制性规定的除外。

经营者以广告、产品说明、实物样品或者其他方式表明商品或者服务的质量状况的，应当保证其提供的商品或者服务的实际质量与表明的质量状况相符。经营者提供的机动车、计算机、电视机、电冰箱、空调器、洗衣机等耐用商品或者装饰装修等服务，消费者自接受商品或者服务之日起六个月内发现瑕疵发生争议的，由经营者承担有关瑕疵的举证责任。

(7) 履行"三包"的义务

经营者提供的商品或者服务不符合质量要求的，消费者可以依照国家规定、当事人约定退货，或者要求经营者履行更换、修理等义务。没有国家规定和当事人约定的，消费者可以自收到商品之日起七日内退货；七日后符合法定解除合同条件的，消费者可以及时退货，不符合法定解除合同条件的，可以要求经营者履行更换、修理等义务，经营者应当承担退货、更换、修理的运输等必要费用。

(8) 网售商品无理由退货的义务

经营者采用网络、电视、电话、邮购等方式销售商品，消费者有权自收到商品之日起七日内退货，且无须说明理由，但下列商品除外：消费者定作的，鲜活易腐的，在线下载或者消费者拆封的音像制品、计算机软件等数字化商品，交付的报纸、期刊，其他根据商品性质并经消费者在购买时确认不宜退货的商品。

消费者退货的商品应当完好。经营者应当自收到退回商品之日起七日内返还消费者支付的商品价款。退回商品的运费由消费者承担；经营者和消费者另有约定的，按照约定。

(9) 格式条款提请注意义务

经营者在经营活动中使用格式条款的，应当以显著方式提请消费者注意商品或者服务的数量和质量、价款或者费用、履行期限和方式、安全注意事项和风险警示、售后服务、民事责任等与消费者有重大利害关系的内容，并按照消费者的要求予以说明。

经营者不得以格式条款、通知、声明、店堂告示等方式，作出排除或者限制消费者权利、减轻或者免除经营者责任、加重消费者责任等对消费者不公平、不合理的规定，不得利用格式条款并借助技术手段强制交易。格式条款、通知、声明、店堂告示等含有前述内容的内容无效。

(10) 不得侵犯消费者人格权义务

经营者不得对消费者进行侮辱、诽谤，不得搜查消费者的身体及其携带的物品，不得侵犯消费者的人身自由。

(11) 收集使用个人信息的合法正当义务

经营者收集、使用消费者个人信息，应当遵循合法、正当、必要的原则，明示收集、使用信息的目的、方式和范围，并经消费者同意。经营者收集、使用消费者个人信息，应当公开其收集、使用规则，不得违反法律、法规的规定和双方的约定收集、使用信息。

经营者及其工作人员对收集的消费者个人信息必须严格保密，不得泄露、出售或者非法向他人提供。经营者应当采取技术措施和其他必要措施，确保信息安全，防止消费者个人信息泄露、丢失。在发生或者可能发生信息泄露、丢失的情况时，应当立即采取补救措施。经营者未经消费者同意或者请求，或者消费者明确表示拒绝的，不得向其发送商业性信息。

> **案例**：宋某在商场购买一台电视机，并附有产品合格证。宋某使用两个多月后，电视机出现图像不清的现象，后来音像全无。宋某要求商场更换，商场言称电视机不是他们生产的，让宋某找电视机厂进行交涉。问：销售者应当承担怎样的责任？
>
> **分析**：《中华人民共和国消费者权益保护法》第二十四条规定："经

营者提供的商品或者服务不符合质量要求的，消费者可以依照国家规定、当事人约定退货，或者要求经营者履行更换、修理等义务。没有国家规定和当事人约定的，消费者可以自收到商品之日起七日内退货；七日后符合法定解除合同条件的，消费者可以及时退货，不符合法定解除合同条件的，可以要求经营者履行更换、修理等义务"。本案中，宋某购买的电视机出现严重质量问题，商场应根据消费者宋某的要求予以更换；如果宋某要求退货，因为电视机已经达不到使用要求，商场也不得拒绝。

3. 消费者权益争议的解决

（1）消费者权益争议的解决途径

消费者权益争议的解决途径有：a. 与经营者协商和解；b. 请求消费者协会或者依法成立的其他调解组织调解；c. 向有关行政部门投诉；d. 根据与经营者达成的仲裁协议提请仲裁机构仲裁；e. 向人民法院提起诉讼。

（2）损害消费者权益的赔偿主体

消费者在购买、使用商品时，其合法权益受到损害的，可以向销售者要求赔偿。销售者赔偿后，属于生产者的责任或者属于向销售者提供商品的其他销售者的责任的，销售者有权向生产者或者其他销售者追偿。消费者在接受服务时，其合法权益受到损害的，可以向服务者要求赔偿。

消费者或者其他受害人因商品缺陷造成人身、财产损害的，可以向销售者要求赔偿，也可以向生产者要求赔偿。属于生产者责任的，销售者赔偿后，有权向生产者追偿。属于销售者责任的，生产者赔偿后，有权向销售者追偿。

（3）损害消费者权益的特殊赔偿主体

① 原企业合并分立的赔偿主体　消费者在购买、使用商品或者接受服务时，其合法权益受到损害，因原企业分立、合并的，可以向变更后承受其权利义务的企业要求赔偿。

② 使用他人营业执照的赔偿主体　使用他人营业执照的违法经营者

提供商品或者服务，损害消费者合法权益的，消费者可以向其要求赔偿，也可以向营业执照的持有人要求赔偿。

③ 展销会租赁柜台的赔偿主体　消费者在展销会、租赁柜台购买商品或者接受服务，其合法权益受到损害的，可以向销售者或者服务者要求赔偿。展销会结束或者柜台租赁期满后，也可以向展销会的举办者、柜台的出租者要求赔偿。展销会的举办者、柜台的出租者赔偿后，有权向销售者或者服务者追偿。

④ 网络交易平台的赔偿主体　消费者通过网络交易平台购买商品或者接受服务，其合法权益受到损害的，可以向销售者或者服务者要求赔偿。网络交易平台提供者不能提供销售者或者服务者的真实名称、地址和有效联系方式的，消费者也可以向网络交易平台提供者要求赔偿；网络交易平台提供者作出更有利于消费者的承诺的，应当履行承诺。网络交易平台提供者赔偿后，有权向销售者或者服务者追偿。

网络交易平台提供者明知或者应知销售者或者服务者利用其平台侵害消费者合法权益，未采取必要措施的，依法与该销售者或者服务者承担连带责任。

⑤ 虚假广告宣传的赔偿主体　消费者因经营者利用虚假广告或者其他虚假宣传方式提供商品或者服务，其合法权益受到损害的，可以向经营者要求赔偿。广告经营者、发布者不能提供经营者的真实名称、地址和有效联系方式的，应当承担赔偿责任。

广告经营者、发布者设计、制作、发布关系消费者生命健康商品或者服务的虚假广告，或者社会团体、其他组织、个人发布关系消费者生命健康商品或者服务的虚假广告或者在其他虚假宣传中向消费者推荐商品或者服务，造成消费者损害的，应当与提供该商品或者服务的经营者承担连带责任。

案例：消费者何某在某百货商场购买了一台价值 3700 元的电视机，使用不到一个月，电视机因显像管有问题不能使用，何某要求该商场退货，但此时该商场因经营不善已被另一百货公司兼并。何某即要求后一百货公司对此事负责，后一百货公司以前一百货公司的事与自己无关为由拒绝。该案应如何处理，依据是什么？

分析：要求后一百货公司退货，由后一百货公司向何某返还电视机价款。依据是《中华人民共和国消费者权益保护法》第四十一条的规定："消费者在购买、使用商品或者接受服务时，其合法权益受到损害，因原企业分立、合并的，可以向变更后承受其权利义务的企业要求赔偿。"

（4）损害消费者权益的民事责任

① 损害消费者人身权的民事责任　经营者提供商品或者服务，造成消费者或者其他受害人人身伤害的，应当赔偿医疗费、护理费、交通费等为治疗和康复支出的合理费用，以及因误工减少的收入。造成残疾的，还应当赔偿残疾生活辅助具费和残疾赔偿金。造成死亡的，还应当赔偿丧葬费和死亡赔偿金。

经营者有侮辱诽谤、搜查身体、侵犯人身自由等侵害消费者或者其他受害人人身权益的行为，造成严重精神损害的，受害人可以要求精神损害赔偿。经营者侵害消费者的人格尊严、侵犯消费者人身自由或者侵害消费者个人信息依法得到保护的权利的，应当停止侵害、恢复名誉、消除影响、赔礼道歉，并赔偿损失。

② 损害消费者财产权的民事责任　经营者提供商品或者服务，造成消费者财产损害的，应当依照法律规定或者当事人约定承担修理、重作、更换、退货、补足商品数量、退还货款和服务费用或者赔偿损失等民事责任。依法经有关行政部门认定为不合格的商品，消费者要求退货的，经营者应当负责退货。

经营者提供商品或者服务有欺诈行为的，应当按照消费者的要求增加赔偿其受到的损失，增加赔偿的金额为消费者购买商品的价款或者接受服务的费用的三倍。增加赔偿的金额不足五百元的，为五百元。法律另有规定的，依照其规定。经营者明知商品或者服务存在缺陷，仍然向消费者提供，造成消费者或者其他受害人死亡或者健康严重损害的，受害人有权要求经营者依照法律规定赔偿损失，并有权要求所受损失二倍以下的惩罚性赔偿。

📜 法律链接：

《中华人民共和国食品安全法》第一百四十八条第二款："生产不符合食品安全标准的食品或者经营明知是不符合食品安全标准的食品，消费者除要求赔偿损失外，还可以向生产者或者经营者要求支付价款十倍或者损失三倍的赔偿金；增加赔偿的金额不足一千元的，为一千元。但是，食品的标签、说明书存在不影响食品安全且不会对消费者造成误导的瑕疵的除外。"

案例：消费者李某在某商场花 1500 元购买了一辆自行车，使用不到一个月车身大梁断裂，经有关行政部门的认定为不合格的商品，李某到商场要求退货，但该商场无理拒绝。该案应如何处理？

分析：该商场应当负责退货，因为《中华人民共和国消费者权益保护法》第五十四条规定："依法经有关行政部门认定为不合格的商品，消费者要求退货的，经营者应当负责退货。"

三、反不正当竞争法

1. 不正当竞争行为的种类

不正当竞争行为，是指经营者在生产经营活动中违反法律规定，扰乱市场竞争秩序，损害其他经营者或者消费者的合法权益的行为。

（1）混淆行为

经营者不得实施引人误认为是他人商品或者与他人存在特定联系的混淆行为，具体包括擅自使用与他人有一定影响的商品名称、包装、装潢等相同或者近似的标识；擅自使用他人有一定影响的企业名称（包括简称、字号等）、社会组织名称（包括简称等）、姓名（包括笔名、艺名、译名等）；擅自使用他人有一定影响的域名主体部分、网站名称、网页等；其他足以引人误认为是他人商品或者与他人存在特定联系的混淆行为。

（2）贿赂行为

在交易活动中，经营者不得采用财物或者其他手段贿赂交易相对方的相关单位或者个人，以谋取交易机会或者竞争优势；经营者可以以明示方式向交易相对方支付折扣，或者向中间人支付佣金。经营者向交易相对方支付折扣、向中间人支付佣金的，应当如实入账。接受折扣、佣金的经营者也应当如实入账。

（3）虚假宣传

经营者不得对其商品的性能、功能、质量、销售状况、用户评价、曾获荣誉等作虚假或者引人误解的商业宣传，欺骗、误导消费者。经营者也不得通过组织虚假交易等方式，帮助其他经营者进行虚假或者引人误解的商业宣传。

（4）侵犯商业秘密

商业秘密，是指不为公众所知悉、具有商业价值并经权利人采取相应保密措施的技术信息和经营信息等商业信息。

经营者不得实施侵犯商业秘密的行为，包括以盗窃、贿赂、欺诈、胁迫、电子侵入或者其他不正当手段获取权利人的商业秘密；披露、使用或者允许他人使用以前项手段获取的权利人的商业秘密；违反保密义务或者违反权利人有关保守商业秘密的要求，披露、使用或者允许他人使用其所掌握的商业秘密；教唆、引诱、帮助他人违反保密义务或者违反权利人有关保守商业秘密的要求，获取、披露、使用或者允许他人使用权利人的商业秘密。

第三人明知或者应知商业秘密权利人的员工、前员工或者其他单位、个人实施前款所列违法行为，仍获取、披露、使用或者允许他人使用该商业秘密的，视为侵犯商业秘密。

（5）不正当有奖销售

经营者不得进行不正当的有奖销售，包括设奖的种类、兑奖条件、奖金金额或奖品等有奖销售信息不明确，影响兑奖；采用谎称有奖或者故意让内定人员中奖的欺骗方式进行有奖销售；抽奖式的有奖销售，最高奖的金额超过五万元。

（6）诋毁商誉行为

经营者不得编造、传播虚假信息或者误导性信息，损害竞争对手的商业信誉、商品声誉。

（7）妨碍破坏网络产品或者服务行为

经营者利用网络从事生产经营活动，应当遵守本法的各项规定。

经营者不得利用技术手段，通过影响用户选择或者其他方式，实施下列妨碍、破坏其他经营者合法提供的网络产品或者服务正常运行的行为：①未经其他经营者同意，在其合法提供的网络产品或者服务中，插入链接、强制进行目标跳转；②误导、欺骗、强迫用户修改、关闭、卸载其他经营者合法提供的网络产品或者服务；③恶意对其他经营者合法提供的网络产品或者服务实施不兼容；④其他妨碍、破坏其他经营者合法提供的网络产品或者服务正常运行的行为。

案例：A 保险公司于 2016 年 6 月 3 日向法院提起诉讼，2016 年 3 月初 B 保险公司在自己经营的网贷平台网站上发布 A 公司企业名称及多家分支机构、分公司的相关信息，仿冒了 A 公司的企业名称，认为 B 公司构成不正当竞争。

判决：法院经审理后认为，B 公司在没有征得 A 公司允许的情况下，在自己经营的网站中对 A 公司 33 家各地分支机构、分公司的相关信息进行介绍，突出使用 A 公司企业名称，使公众误认为 B 公司与 A 公司存在业务合作或特定联系，构成仿冒企业名称的不正当竞争行为。

---

2. 不正当竞争行为的责任

经营者违法进行不正当竞争的，应当承担民事责任、行政责任和刑事责任。经营者的财产不足以支付的，优先用于承担民事责任。结合乡村生产经营的实际，本节重点介绍不正当竞争行为的民事赔偿责任。

经营者因不正当竞争行为向受到损害的经营者的赔偿数额，按照其因被侵权所受到的实际损失确定；实际损失难以计算的，按照侵权人因侵权所获得的利益确定。经营者恶意实施侵犯商业秘密行为，情节严重的，可以在按照上述方法确定数额的一倍以上五倍以下确定赔偿数额。赔偿数额还应当包括经营者为制止侵权行为所支付的合理开支。

经营者违反混淆行为、侵犯商业秘密的规定，权利人因被侵权所受到的实际损失、侵权人因侵权所获得的利益难以确定的，由人民法院根据侵权行为的情节判决给予权利人五百万元以下的赔偿。

第三节　经营主体法

一、个人独资企业法

1. 个人独资企业的概念

个人独资企业，是指依法在中国境内设立，由一个自然人投资，财产为投资人个人所有，投资人以其个人财产对企业债务承担无限责任的经营实体。

个人独资企业的债务，先以个人独资企业的全部财产进行清偿，个人独资企业财产不足以清偿债务的，投资人应当以其个人的其他财产予以清偿。

个人独资企业投资人在申请企业设立登记时明确以其家庭共有财产作为个人出资的，应当依法以家庭共有财产对企业债务承担无限责任。

个人独资企业解散后，原投资人对个人独资企业存续期间的债务仍应承担偿还责任，但债权人在五年内未向债务人提出偿债请求的，该责任消灭。

> **案例**：甲于 2016 年 10 月出资 10 万元投资设立某个人独资企业，公司前期经营较好，至 2017 年 3 月该企业积累资产 50 万元。2017 年 4 月甲经营出现重大失误导致欠付债务 80 万元，甲随即决定清算并解散该个人独资企业，请问如何偿还债务？
>
> **分析**：甲先以个人独资企业的全部财产 50 万元进行清偿，个人独资企业财产不足以清偿债务的 30 万元，甲以其个人的其他财产予以清偿。因为甲对以其个人财产对企业债务承担无限责任，个人独资企业财产不足以清偿债务的，甲应当以其个人的其他财产予以清偿。

2. 个人独资企业的设立

设立个人独资企业应当具备下列条件：①投资人为一个自然人；②有合法的企业名称；③有投资人申报的出资；④有固定的生产经营场所和必要的生产经营条件；⑤有必要的从业人员。

申请设立个人独资企业，应当由投资人向个人独资企业所在地的登记机关提交设立申请书、投资人身份证明、生产经营场所使用证明等文件。个人独资企业不得从事法律、行政法规禁止经营的业务；从事法律、行政法规规定须报经有关部门审批的业务，应当在申请设立登记时提交有关部门的批准文件。

个人独资企业的营业执照的签发日期，为个人独资企业成立日期。在领取个人独资企业营业执照前，投资人不得以个人独资企业名义从事经营活动。

3. 个人独资企业的事务管理

(1) 个人独资企业的事务

个人独资企业投资人可以自行管理企业事务，也可以委托或者聘用其他具有民事行为能力的人负责企业的事务管理。投资人对受托人或者被聘用的人员职权的限制，不得对抗善意第三人。

投资人委托或者聘用他人管理个人独资企业事务，应当与受托人或者被聘用的人签订书面合同，明确委托的具体内容和授予的权利范围。受托人或者被聘用的人员应当履行诚信、勤勉义务，按照与投资人签订的合同负责个人独资企业的事务管理。

案例： 2014 年 1 月 15 日，甲出资 5 万元设立某个人独资企业，甲聘请乙管理企业事务，聘用合同规定乙对外签订的标的额超过 1 万元的合同，必须经过甲同意。乙于同年 2 月 10 日未经甲同意，以该个人独资企业名义向善意第三人丙签订了价值 3 万元的购货合同。甲得知后不认可乙与丙签订的购货合同，以该购货未经其同意、合同无效为由拒不履行。请根据法律规定分析购货合同的效力。

分析： 乙于 2 月 10 日以个人独资企业名义与丙签订的购买价值 3 万元货物的购货合同有效。根据个人独资企业法的规定，投资人对被聘用的人员职权的限制，不得对抗善意第三人。尽管乙向丙购买货物的行为超越了与甲约定的职权，但甲乙之间的约定对双方具有约束力，但不得对抗对此不知情的善意第三人丙，该购货合同有效。

(2) 个人独资企业的职工权益

个人独资企业招用职工的，应当依法与职工签订劳动合同，保障职工的劳动安全，按时、足额发放职工工资。

个人独资企业应当按照国家规定参加社会保险，为职工缴纳社会保险费。

二、合伙企业法

1. 合伙企业的概念

合伙企业，是指由自然人、法人和其他组织在中国境内设立，共同出资共同经营，共享收益共担风险的经营实体。

合伙企业分为普通合伙企业和有限合伙企业两种类型。普通合伙企业由普通合伙人组成，合伙人对合伙企业债务承担无限连带责任。有限合伙企业由普通合伙人和有限合伙人组成，普通合伙人对合伙企业债务承担无限连带责任，有限合伙人以其认缴的出资额为限对合伙企业债务承担责任。

在合伙企业的两种类型中，现今社会从事生产经营的最基本、最常见的是普通合伙企业，本节重点进行介绍。

2. 普通合伙企业的设立

(1) 设立条件

① 有两个以上合伙人　合伙人可以是自然人、法人、其他组织。合伙人为自然人的，应当是年满十八周岁的完全民事行为能力人。合伙人是法人、其他组织的，应当是依法设立的经营实体。

② 有书面合伙协议　合伙协议是合伙企业内部最基本、最重要的制度性规定。合伙协议依法由全体合伙人协商一致、以书面形式订立，经全体合伙人签名、盖章后生效。合伙协议应当载明下列事项：a. 合伙企业名称和主要经营场所的地点；b. 合伙目的和合伙经营范围；c. 合伙人的姓名或者名称、住所；d. 合伙人的出资方式、数额和缴付期限；e. 利润分配、亏损分担方式；f. 合伙事务的执行；g. 入伙与退伙；h. 争议解决办法；i. 合伙企业的解散与清算；j. 违约责任。

③ 有合伙人认缴或者实际缴付的出资　合伙人可以用货币、实物、知识产权、土地使用权或者其他财产权利出资，也可以用劳务出资。合伙人应当按照合伙协议约定的出资方式、数额和缴付期限，履行出资义务。以非货币财产出资的，依照法律、行政法规的规定，需要办理财产权转移手续的，应当依法办理。

> **案例**：2000 年 1 月，甲、乙、丙、丁四人决定成立合伙企业，并签订书面协议，包含如下内容：甲以货币出资 10 万元，乙以实物折价出资 8 万元，经其他人同意丙以劳务出资 6 万元，丁以货币出资 4 万元；甲、乙、丙、丁四人按 2：2：1：1 的比例分配利润和承担风险。合伙协议的上述约定是否合法？
>
> **分析**：合伙协议的上述约定合法。因为合伙人可以用货币、实物、知识产权、土地使用权或者其他财产权利出资，也可以用劳务出资。合伙协议依法由全体合伙人协商一致约定利润分配、亏损分担方式符合法律规定。

④ 有合伙企业的名称和生产经营场所　合伙企业名称中应当标明"普通合伙"字样，并符合国家有关企业名称登记管理的规定。生产经营场所要有相应的产权权属或者使用权利证明。

⑤ 法律、行政法规规定的其他条件　法律、行政法规或者国务院规定设立合伙企业须经批准的，还应当提交有关批准文件。合伙企业的经营范围中有属于法律、行政法规规定在登记前须经批准的项目的，该项经营业务应当依法经过批准，并在登记时提交批准文件。

（2）设立登记

设立合伙企业，应当由全体合伙人指定的代表或者共同委托的代理人向企业登记机关申请设立登记。申请设立合伙企业，应当向企业登记机关提交下列文件：①全体合伙人签署的设立登记申请书；②全体合伙人的身份证明；③全体合伙人指定代表或者共同委托代理人的委托书；④合伙协议；⑤全体合伙人对各合伙人认缴或者实际缴付出资的确认书；⑥主要经营场所证明；⑦国务院工商行政管理部门规定提交的其他文件。

合伙企业营业执照的签发日期，为合伙企业的成立日期。

3. 普通合伙企业的事务执行

（1）事务执行方式

① 委托合伙人执行　按照合伙协议的约定或者经全体合伙人决定，合伙人可以委托一个或者数个合伙人对外代表合伙企业，执行合伙事务，

其他合伙人不再执行合伙事务。不执行合伙事务的合伙人有权监督执行事务合伙人执行合伙事务的情况。

② 合伙人分别执行　合伙人分别执行合伙事务的，执行事务合伙人可以对其他合伙人执行的事务提出异议。提出异议时，应当暂停该项事务的执行。如果发生争议，合伙人对该事项作出决议，按照合伙协议约定的表决办法办理；合伙协议未约定或者约定不明确的，实行合伙人一人一票并经全体合伙人过半数通过的表决办法。

③ 对合伙人的限制　合伙人不得自营或者同他人合作经营与本合伙企业相竞争的业务。除合伙协议另有约定或者经全体合伙人一致同意外，合伙人不得同本合伙企业进行交易。合伙企业对合伙人执行合伙事务以及对外代表合伙企业权利的限制，不得对抗善意第三人。

（2）盈亏处理

合伙企业的利润分配、亏损分担，按照合伙协议的约定办理；合伙协议未约定或者约定不明确的，由合伙人协商决定；协商不成的，由合伙人按照实缴出资比例分配、分担；无法确定出资比例的，由合伙人平均分配、分担。

合伙协议不得约定将全部利润分配给部分合伙人或者由部分合伙人承担全部亏损。普通合伙企业由全体合伙人共同出资设立，合伙人的权利和义务是平等的，合伙人之间应当共同经营、共享收益、共担风险。

案例：甲、乙、丙合伙经营一家名为"满意水果店"的普通合伙企业，甲为该合伙企业的负责人。甲、乙、丙并未约定损益分配和亏损承担的比例。2015年7月的某一天，因丙外出，甲与乙协商后以该合伙企业名义与果农签订了一份标价额为16万元的水果买卖合同。经查，合伙协议约定，凡5万元以上的业务须经甲、乙、丙三人一致同意。问题：该合伙企业与果农签订的水果买卖合同在效力上应如何认定？合伙协议中未约定损益的分配和亏损的承担，按照规定应该如何确定？

分析：该合伙企业与果农签订的水果买卖合同为有效合同。根据合伙企业法律制度的规定，合伙企业对合伙人执行合伙企业事务以及对外代表合伙企业权利的限制，不得对抗不知情的善意第三人。本案中，虽然合伙人甲、乙、丙在合伙协议中约定了"凡 5 万元以上的业务须经甲、乙、丙三人一致同意",但该约定对善意第三人(果农)无效,故水果买卖合同为有效。《中华人民共和国合伙企业法》规定:"合伙企业的利润分配、亏损分担,按照合伙协议的约定办理;合伙协议未约定或者约定不明确的,由合伙人协商决定;协商不成的,由合伙人按照实缴出资比例分配、分担;无法确定出资比例的,由合伙人平均分配、分担。"

4. 普通合伙企业的入伙与退伙

(1) 入伙及其责任

新合伙人入伙,除合伙协议另有约定外,应当经全体合伙人一致同意,并依法订立书面入伙协议。入伙的新合伙人与原合伙人享有同等权利,承担同等责任。入伙协议另有约定的,从其约定。

新合伙人对入伙前合伙企业的债务承担无限连带责任。

(2) 退伙及其责任

协议退伙,合伙协议约定合伙期限的,在合伙企业存续期间有约定的或者法定的退伙情形的,合伙人可以退伙。合伙协议约定合伙期限的,在合伙企业存续期间,有下列情形之一的合伙人可以退伙:①合伙协议约定的退伙事由出现;②经全体合伙人一致同意;③发生合伙人难以继续参加合伙的事由;④其他合伙人严重违反合伙协议约定的义务。

通知退伙,合伙协议未约定合伙期限的,合伙人在不给合伙企业事务执行造成不利影响的情况下,可以退伙,但应当提前三十日通知其他合伙人。

退伙人对基于其退伙前的原因发生的合伙企业债务,承担无限连带责任。

5. 普通合伙企业的责任承担

合伙企业对其债务,应先以合伙企业的全部财产进行清偿。合伙企业不能清偿到期债务的,合伙人承担无限连带责任。

合伙人由于承担无限连带责任,清偿数额超过约定或者法定的亏损分担比例的，有权向其他合伙人追偿。

案例：2011年1月，甲、乙、丙三人决定设立一合伙企业，协议约定甲、乙、丙各出资8万元，三人按1∶1∶1的比例分配利润和承担风险，未约定经营期限。2011年9月，丙提出退资，不会给合伙企业造成任何不利影响。2011年10月丙经清算退资。2012年1月新合伙人丁出资4万元入资。2012年5月，合伙企业的债权人A公司要求合伙人丙退资前36万元的现合伙人和丙共同承担连带责任。丙以自己退资为由，丁以自己新入资为由拒绝承担。问题：丙的退资属于何种情况，其退资应符合哪些条件？丙的主张是否成立，为什么？如果丙向A公司偿还36万元，可以向哪些当事人追偿？丁的主张是否成立，为什么？

分析：丙的退资属于通知退资，退资条件是：合伙协议未约定合伙期限的，合伙人在不给合伙企业事务执行造成不利影响的情况下，可以退资，但应当提前三十日通知其他合伙人。丙的主张不成立，退资人对基于其退资前的原因发生的合伙企业债务，承担无限连带责任；如果丙向A公司偿还36万，可以向分别甲、乙追偿各自应该承担的12万元。丁的主张不成立，新合伙人对入资前合伙企业的债务承担无限连带责任。

三、公司法

1. 公司的概念

公司是依照公司法设立的，以营利为目的的企业法人。公司包括在中国境内设立的有限责任公司和股份有限公司。

公司可以设立分公司、子公司。分公司不具有法人资格，其民事责任由公司承担。子公司具有法人资格，依法独立承担民事责任。

公司以其全部财产对公司的债务承担责任。有限责任公司的股东以其认缴的出资额为限对公司承担责任。股份有限公司的股东以其认购的股份为限对公司承担责任。

2. 有限责任公司

(1) 有限责任公司的设立

有限责任公司，是指由一定人数的股东共同出资，每个股东以其所认缴的出资额为限对公司承担责任，公司以其全部资产对公司债务承担责任的企业法人。

① 有限责任公司的设立条件

a. 股东符合法定人数　有限责任公司由五十个以下股东出资设立，可以是自然人、法人或者其他组织。一人有限责任公司应当在公司登记中注明自然人独资或者法人独资，并在公司营业执照中载明。

b. 有符合公司章程规定的全体股东认缴的出资额　股东可以用货币出资，也可以用实物、知识产权、土地使用权等可以用货币估价并可以依法转让的非货币财产作价出资，但股东不得以劳务、信用、自然人姓名、商誉、特许经营权或者设定担保的财产等作价出资。股东应当按期足额缴纳公司章程中规定的各自所认缴的出资额。股东不按照前款规定缴纳出资的，除应当向公司足额缴纳外，还应当向已按期足额缴纳出资的股东承担违约责任。

c. 股东共同制定公司章程　有限责任公司章程应当载明下列事项：公司名称和住所；公司经营范围；公司注册资本；股东的姓名或者名称；股东的出资方式、出资额和出资时间；公司的机构及其产生办法、职权、议事规则；公司法定代表人；股东会会议认为需要规定的其他事项。股东应当在公司章程上签名、盖章。

d. 有公司名称，建立符合有限责任公司要求的组织机构　有限责任公司的名称应当符合国家有关规定，且只能使用公司登记机关核准登记的名称。

e. 有公司住所　公司的住所是公司主要办事机构所在地。经公司登记机关登记的公司的住所只能有一个。

案例：甲、乙、丙三人经协商，准备成立 A 有限责任公司，主要从事生产经营，其中甲为公司提供厂房和设备，经评估作价 25 万元；乙从银行借贷 20 万元现金作为出资；丙原为一家大型外企的经理，具有丰富的管理经验知名度较高，提出以姓名出资作价 15 万元。甲、乙、丙签订协议后，向工商局申请注册。本案包括哪几种出资形式，其效力如何？

分析：本案甲以实物出资评估价值 25 万元，乙以货币 20 万元出资，丙以自然人姓名出资 15 万元。公司法规定，股东可以用货币出资，也可以用实物、知识产权、土地使用权等用货币估价并可以依法转让的非货币财产作价出资，但股东不得以劳务、信用、自然人姓名、商誉、特许经营权或者设定担保的财产等作价出资。因此，甲、乙的出资符合法律规定为有效，乙的出资不符合法律规定，为无效。

② 公司的设立登记　申请设立有限责任公司，应当向公司登记机关提交下列文件：公司法定代表人签署的设立登记申请书；全体股东指定代表或者共同委托代理人的证明；公司章程；股东的主体资格证明或者自然人身份证明；载明公司董事、监事、经理的姓名、住所的文件以及有关委派、选举或者聘用的证明；公司法定代表人任职文件和身份证明；企业名称预先核准通知书；公司住所证明；国家市场监督管理总局规定要求提交的其他文件。

公司经公司登记机关依法登记，领取《企业法人营业执照》，方取得企业法人资格，公司营业执照签发日期为公司成立日期。

(2) 有限责任公司的组织机构

① 股东会是公司的权力机构

a. 股东会职权　决定公司的经营方针和投资计划；选举和更换董事监事，决定有关董事监事的报酬事项；审议批准董事会的报告；审议批准监事会或者监事的报告；审议批准公司的年度财务预算方案、决算方案；审议批准公司的利润分配方案和弥补亏损方案；对公司增加或者减少注册资本作出决议；对发行公司债券作出决议；对公司合并分立解散清算或者变更公司形式作出决议；修改公司章程；公司章程规定的其他职权。

b. 股东会会议　股东会会议分为定期会议和临时会议。定期会议应当依照公司章程的规定按时召开。代表十分之一以上表决权的股东，三分之一以上的董事，监事会或者不设监事会的公司的监事提议召开临时会议的，应当召开临时会议。

股东会会议由股东按照出资比例行使表决权，公司章程另有规定的除外。股东会应当对所议事项的决定作成会议记录，出席会议的股东应当在会议记录上签名。股东会会议作出修改公司章程、增加或者减少注册资本的决议，以及公司合并、分立、解散或者变更公司形式的决议，必须经代

表三分之二以上表决权的股东通过。

② 董事会是公司的业务执行机构

a. 董事会职权　董事会对股东会负责，行使下列职权：召集股东会会议，并向股东会报告工作；执行股东会的决议；制订公司的年度财务预算方案、决算方案；制订公司的利润分配方案和弥补亏损方案；制订增加或者减少注册资本以及发行债券的方案；制订公司合并、分立、解散或变更形式的方案；决定公司的经营计划和投资方案；决定公司内部管理机构的设置；决定聘任或者解聘经理及其报酬事项，并根据经理提名决定聘任或者解聘副经理、财务负责人及其报酬事项；制定公司的基本管理制度；公司章程规定的其他职权。

b. 董事会会议　董事会成员三人至十三人，股东人数较少或者规模较小的可以设一名执行董事，不设董事会。董事会设置董事长一人，可以设副董事长。董事长、副董事长的产生办法由公司章程规定。董事会决议的表决，实行一人一票。董事会应当对所议事项的决定作成会议记录，出席会议的董事应当在会议记录上签名。

③ 经理是公司的经营管理机构　有限责任公司可以设经理，由董事会决定聘任或者解聘。经理对董事会负责，行使下列职权：主持公司的生产经营管理工作，组织实施董事会决议；组织实施公司年度经营计划和投资方案；拟订公司内部管理机构设置方案；拟订公司的基本管理制度；制定公司的具体规章；提请聘任或者解聘公司副经理、财务负责人；决定聘任或者解聘除应由董事会决定聘任或者解聘以外的负责管理人员；董事会授予的其他职权。经理列席董事会会议。

④ 监事会是公司的监督机构

a. 监事会职权　检查公司财务；对董事、高级管理人员行为进行监督，对违反法律法规、章程或股东会决议的人员提出罢免建议；当董事、高级管理人员的行为损害公司的利益时，要求董事、高级管理人员予以纠正；提议召开临时股东会会议，在董事会不履行召集和主持股东会会议职责时召集和主持股东会会议；向股东会会议提出提案；董事、高级管理人员违反法律、行政法规或者公司章程规定损害股东利益的，对其人员提起诉讼；公司章程规定的其他职权。监事可以列席董事会会议，并对董事会决议事项提出质询或者建议。

b. 监事会会议　监事会成员不得少于三人，股东人数较少或者规模较小的可以设一至二名监事。监事会应当包括股东代表和适当比例的公司职工代表，其中职工代表的比例不得低于三分之一，具体比例由公司章程规定。董事、高级管理人员不得兼任监事。监事会决议应当经半数以上监事通过。监事会应当对所议事项的决定作成会议记录，出席会议的监事应当在会议记录上签名。

案例：甲、乙、丙三人共同出资设立一有限责任公司，公司设立后，股东会决定不设董事会而设一名执行董事，不设监事会而设一至二名监事，选举甲担任执行董事，甲、乙担任监事，聘任丙担任经理。该有限责任公司的机构设置是否合法？

分析：股东人数较少或规模较小的公司可以不设董事会而设一名执行董事，可以不设监事会而设一至两名监事。但是，公司的董事、高级管理人员不得兼任监事，甲担任执行董事又担任监事是不合法的。

(3) 有限责任公司的股权转让

① 有限责任公司的股权转让　有限责任公司的股东之间可以相互转让其全部或者部分股权。

有限责任公司的股东向股东以外的人转让股权，应当经其他股东过半数同意。股东应就其股权转让事项书面通知其他股东征求同意，其他股东自接到书面通知之日起满三十日未答复的，视为同意转让。其他股东半数以上不同意转让的，不同意的股东应当购买该转让的股权；不购买的，视为同意转让。经股东同意转让的股权，在同等条件下，其他股东有优先购买权。两个以上股东主张行使优先购买权的，协商确定各自的购买比例；协商不成的，按照转让时各自的出资比例行使优先购买权。公司章程对股权转让另有规定的，从其规定。

② 有限责任公司的股权回购　有下列情形之一的，对股东会该项决议投反对票的股东可以请求公司按照合理的价格收购其股权：公司连续五年不向股东分配利润，而公司该五年连续盈利，并且符合本法规定的分配利润条件的；公司合并、分立、转让主要财产的；公司章程规定的营业期限届满或者章程规定的其他解散事由出现，股东会会议通过决议修改章程使公司存续的。

自股东会会议决议通过之日起六十日内，股东与公司不能达成股权收购协议的，股东可以自股东会会议决议通过之日起九十日内向人民法院提起诉讼。

> **案例：**甲、乙、丙三人成立A有限责任公司，注册资本30万，三人各出资10万。2016年5月12日，A公司形成股东会决议，同意甲、乙分别将其33.33％的股权转让给丁。同日，甲与丁签订股权转让协议，约定甲将所持有的公司33.33％股权作价14万元转让给丁，丁应于协议签订当日向甲付清全部股权转让价款。此后，丁向甲支付股权转让款12万元，尚欠转让款2万元未付。此外，丁还与乙签订了股权转让协议。上述股权转让已办理相关工商变更登记手续。甲随后向人民法院起诉丁，要求支付2万元转让款及利息。甲的诉讼请求应否支持？
>
> **分析：**甲、丁签订的股权转让经过其他股东同意，其他股东放弃优先购买权。甲与丁签订的股权转让协议符合法律规定，双方应按照该约定履行各自的义务，丁应遵从协议约定支付相应的股权转让款。丁仅支付其中的12万元，余款2万元未及时付清，该行为显属违约，应支付剩余股权转让款和相应利息。

（4）特殊有限责任公司

① 一人有限责任公司　一人有限责任公司，是指只有一个自然人股东或者一个法人股东的有限责任公司。一个自然人只能投资设立一个一人有限责任公司。

一人有限责任公司不设股东会，章程由股东制定，股东对属于有限责任公司股东会的职权做出决定时，应当采用书面形式，并由股东签名后置备于公司。

一人有限责任公司应当在每一会计年度终了时编制财务会计报告，并经会计师事务所审计。股东不能证明公司财产独立于股东自己的财产的，应当对公司债务承担连带责任。

② 国有独资公司　国有独资公司，是指国家单独出资、由国务院或者地方人民政府授权本级人民政府国有资产监督管理机构履行出资人职责的有限责任公司。

国有独资公司不设股东会，由国有资产监督管理机构行使股东会职权。国有独资公司设董事会、监事会，董事、监事会成员由国有资产监督管理机构委派，职工代表由公司职工代表大会选举产生；国有独资公司设经理，由董事会聘任或者解聘。

国有独资公司的董事长、副董事长、董事、高级管理人员，未经国有资产监督管理机构同意，不得在其他有限责任公司、股份有限公司或者其他经济组织兼职。

3. 股份有限公司

股份有限公司，是指全部资本划分为等额股份，股东以其认购的股份为限对公司承担责任，公司以其全部资产对公司债务承担责任的企业法人。

（1）股份有限公司的设立

① 股份有限公司的设立条件

a. 发起人符合法定人数 设立股份有限公司，应当有二人以上二百人以下为发起人，其中须有半数以上的发起人在中国境内有住所。

b. 有符合公司章程规定的全体发起人认购的股本总额或者募集的实收股本总额 股份有限公司以发起设立方式设立的，发起人应当书面认足公司章程规定其认购的股份，并按照公司章程规定缴纳出资；以募集设立方式设立的，发起人认购的股份不得少于公司股份总数的百分之三十五，法律行政法规另有规定的从其规定。

c. 股份发行、筹办事项符合法律规定 股份有限公司的发起人应当签订发起人协议承担筹办事务，明确各自在公司设立过程中的权利和义务。发起人向社会公开募集股份，必须公告招股说明书并制作认股书，应当与依法设立的证券公司签订承销协议，应当同银行签订代收股款协议。

d. 发起人制订公司章程，采用募集方式设立的经创立大会通过 股份有限公司章程应当载明下列事项：公司名称和住所；公司经营范围；公司设立方式；公司股份总数、每股金额和注册资本；发起人的姓名或者名称、认购的股份数、出资方式和出资时间；董事会的组成、职权和议事规则；公司法定代表人；监事会的组成、职权和议事规则；公司利润分配办法；公司的解散事由与清算办法；公司的通知和公告办法；股东大会会议认为需要规定的其他事项。

e. 有公司名称，建立符合股份有限公司要求的组织机构　股东大会由全体股东组成，是公司的权力机构；股份有限公司设董事会五至十九人；股份有限公司设经理，由董事会决定聘任或者解聘；股份有限公司设监事会，其成员不得少于三人。

f. 有公司住所　公司的住所是公司主要办事机构所在地。

② 股份有限公司的设立登记　设立股份有限公司，应当由董事会向公司登记机关申请设立登记。以募集方式设立股份有限公司的，应当于创立大会结束后三十日内向公司登记机关申请设立登记。

申请设立股份有限公司，应当向公司登记机关提交下列文件：公司法定代表人签署的设立登记申请书；董事会指定代表或者共同委托代理人的证明；公司章程；发起人的主体资格证明或者自然人身份证明；载明公司董事、监事、经理姓名、住所的文件以及有关委派、选举或者聘用的证明；公司法定代表人任职文件和身份证明；企业名称预先核准通知书；公司住所证明；国家市场监督管理总局规定要求提交的其他文件。

以募集方式设立股份有限公司的，还应当提交创立大会的会议记录以及依法设立的验资机构出具的验资证明；以募集方式设立股份有限公司公开发行股票的，还应当提交国务院证券监督管理机构的核准文件。

（2）股份有限公司的股份

① 股份有限公司的股份与股票　股份是股份有限公司资本的最小计量单位，是股东权利义务的基本计算单位。股份有限公司将资本划分的等额股份采取股票的形式。

股票，是指股份有限公司股份证券化的形式，是股份有限公司签发的证明股东持有股份的凭证。

② 股份有限公司的股份发行　股份的发行，实行公平、公正的原则，同种类的每一股份应当具有同等权利。同次发行的同种类股票，每股的发行条件和价格应当相同；任何单位或者个人所认购的股份，每股应当支付相同价额。

股票发行价格可以按票面金额，也可以超过票面金额，但不得低于票面金额。公司发行的股票，可以为记名股票，也可以为无记名股票。公司向发起人、法人发行的股票，应当为记名股票，并应当记载该发起人、法人的名称或者姓名，不得另立户名或者以代表人姓名记名。

公司发行新股，股东大会应当对下列事项作出决议：新股种类及数额；新股发行价格；新股发行的起止日期；向原有股东发行新股的种类及数额。公司经国务院证券监督管理机构核准公开发行新股时，必须公告新股招股说明书和财务会计报告，并制作认股书。公司发行新股募足股款后，必须向公司登记机关办理变更登记，并公告。

③ 股份有限公司的股份转让　股东持有的股份可以依法转让，股东转让其股份，应当在依法设立的证券交易场所进行或者按照国务院规定的其他方式进行。

记名股票，由股东以背书方式或者法律、行政法规规定的其他方式转让；转让后由公司将受让人的姓名或者名称及住所记载于股东名册。无记名股票的转让，由股东将该股票交付给受让人后即发生转让的效力。

发起人持有的本公司股份，自公司成立之日起一年内不得转让。公司公开发行股份前已发行的股份，自公司股票在证券交易所上市交易之日起一年内不得转让。公司董事、监事、高级管理人员应当向公司申报所持有的本公司的股份及其变动情况，在任职期间每年转让的股份不得超过其所持有本公司股份总数的百分之二十五；所持本公司股份自公司股票上市交易之日起一年内不得转让。上述人员离职后半年内，不得转让其所持有的本公司股份。

4. 公司的董事、监事、高级管理人员

(1) 公司的董事、监事、高级管理人员的范围

公司的董事是有限责任公司董事会的全体董事和不设董事会的执行董事，股份有限公司董事会的全体董事。

公司的监事，是指有限责任公司监事会的全体监事和不设监事会的监事，股份有限公司监事会的全体监事。

公司的高级管理人员，是指有限责任公司、股份有限公司的经理、副经理、财务负责人，上市公司董事会秘书和公司章程规定的其他人员。

(2) 公司的董事、监事、高级管理人员的资格

有下列情形之一的，不得担任公司的董事、监事、高级管理人员：
① 无民事行为能力或者限制民事行为能力；

② 因贪污、贿赂、侵占财产、挪用财产或者破坏社会主义市场经济秩序，被判处刑罚，执行期满未逾五年，或者因犯罪被剥夺政治权利，执行期满未逾五年；

③ 担任破产清算的公司、企业的董事或者厂长、经理，对该公司、企业的破产负有个人责任的，自该公司、企业破产清算完结之日起未逾三年；

④ 担任因违法被吊销营业执照、责令关闭的公司、企业的法定代表人，并负有个人责任的，自该公司、企业被吊销营业执照之日起未逾三年；

⑤ 个人所负数额较大的债务到期未清偿。

公司违反上述规定选举、委派董事、监事或者聘任高级管理人员的，该选举、委派或者聘任无效。董事、监事、高级管理人员在任职期间出现上述情形的，公司应当解除其职务。

(3) 公司的董事、监事、高级管理人员的义务

董事、监事、高级管理人员应当遵守法律、行政法规和公司章程，对公司负有忠实义务和勤勉义务；不得利用职权收受贿赂或者其他非法收入，不得侵占公司的财产。

董事、监事、高级管理人员执行公司职务时违反法律、行政法规或者公司章程的规定，给公司造成损失的，应当承担赔偿责任。股东会或者股东大会要求董事、监事、高级管理人员列席会议的，董事、监事、高级管理人员应当列席并接受股东的质询。

5. 公司的变更与终止

(1) 公司合并与分立

① 公司合并　两个或两个以上的公司通过订立合并协议共同组成一个公司，分为吸收合并和新设合并。吸收合并，是指一个公司吸收其他公司，被吸收的公司解散。新设公司，是指两个以上公司合并设立一个新的公司，合并各方解散。

公司合并时，合并各方的债权、债务，应当由合并后存续的公司或者新设的公司承继。

② 公司分立 一个公司通过股东会决议分成两个以上的公司，分为存续分立和解散分立。存续分立，是指一个公司分离成两个以上公司，本公司继续存在，设立一个以上新的公司。解散分立，是指一个公司分散为两个以上公司，本公司解散，设立两个以上新的公司。

公司分立前的债务由分立后的公司承担连带责任。但是，公司在分立前与债权人就债务清偿达成的书面协议另有约定的除外。

(2) 公司增资和减资

① 公司增资 公司增资，是指公司为扩大经营规模、拓宽业务、提高公司的资信程度而依法增加注册资本。有限责任公司增加注册资本时，股东认缴新增资本的出资，依照本法设立有限责任公司缴纳出资的有关规定执行。股份有限公司为增加注册资本发行新股时，股东认购新股，依照本法设立股份有限公司缴纳股款的有关规定执行。

② 公司减资 公司减资，是指公司资本过剩或亏损严重，根据生产经营情况依法减少注册资本。公司需要减少注册资本必须编制资产负债表及财产清单。公司应当自作出减少注册资本决议之日起十日内通知债权人，并于三十日内在报纸上公告。债权人自接到通知书之日起三十日内，未接到通知书的自公告之日起四十五日内，有权要求公司清偿债务或者提供相应的担保。

(3) 公司解散和清算

① 公司解散 公司解散，是指已经成立的公司，因公司章程或者法定事由出现而停止公司的对外经营活动并开始清算，处理未了结事务从而使公司法人资格消灭的法律行为。

公司因下列原因解散：公司章程规定的营业期限届满或者公司章程规定的其他解散事由出现；股东会或者股东大会决议解散；因公司合并或者分立需要解散；依法被吊销营业执照、责令关闭或者被撤销；公司经营管理发生严重困难，继续存续会使股东利益受到重大损失，通过其他途径不能解决的，持有公司全部股东表决权百分之十以上的股东，可以请求人民法院解散公司。

公司应当在解散事由出现之日起十五日内成立清算组，开始清算。有限责任公司的清算组由股东组成，股份有限公司的清算组由董事或者股东大会确定的人员组成。逾期不成立清算组进行清算的，债权人可以申请人民法院指定有关人员组成清算组进行清算。

② 公司清算 公司清算，是指解散时，为使公司的法人资格归于消灭，对公司未了结的业务、财产及债权债务关系等进行清理、处分的法律行为。清算期间公司存续，但不得开展与清算无关的经营活动。

清算组在清理公司财产、编制资产负债表和财产清单后，应当制定清算方案，并报股东会、股东大会或者人民法院确认。清算组发现公司财产不足清偿债务的，应当依法向人民法院申请宣告破产。

公司财产在分别支付清算费用、职工的工资、社会保险费用和法定补偿金，缴纳所欠税款，清偿公司债务后的剩余财产，有限责任公司按照股东的出资比例分配，股份有限公司按照股东持有的股份比例分配。公司清算结束后，清算组应当制作清算报告，报股东会、股东大会或者人民法院确认，并报送公司登记机关，申请注销公司登记，公告公司终止。

四、农民专业合作社法

1. 农民专业合作社概述

（1）农民专业合作社的概念

农民专业合作社，是指在农村家庭承包经营基础上，农产品的生产经营者或者农业生产经营服务的提供者、利用者，自愿联合、民主管理的互助性经济组织。

农民专业合作社以其成员为主要服务对象，开展以下业务：农业生产资料的购买、使用；农产品的生产、销售、加工、运输、贮藏及其他相关服务；农村民间工艺及制品、休闲农业和乡村旅游资源的开发经营等；与农业生产经营有关的技术、信息、设施建设运营等服务。

（2）农民专业合作社的有限责任

农民专业合作社依法登记，取得法人资格。农民专业合作社对由成员出资、公积金以及合法取得的其他资产，享有权利承担责任。农民专业合作社成员以其账户内记载的出资额和公积金份额为限对农民专业合作社承担责任。

2. 农民专业合作社的设立

(1) 农民专业合作社的设立条件

① 有五名以上符合合作社法规定的成员　具有民事行为能力的公民，以及从事与农民专业合作社业务直接有关的生产经营活动的企业、事业单位或者社会组织，能够利用农民专业合作社提供的服务，承认并遵守农民专业合作社章程，履行章程规定的入社手续的，可以成为农民专业合作社的成员。但是，具有管理公共事务职能的单位不得加入农民专业合作社。

农民专业合作社的成员中，农民至少应当占成员总数的百分之八十。成员总数二十人以下的，可以有一个企业、事业单位或者社会组织成员；成员总数超过二十人的，企业、事业单位和社会组织成员不得超过成员总数的百分之五。

② 有符合合作社法规定的章程　农民专业合作社章程应当载明下列事项：名称和住所；业务范围；成员资格及入社、退社和除名；成员的权利和义务；组织机构及其产生办法、职权、任期、议事规则；成员的出资方式、出资额，成员出资的转让、继承、担保；财务管理和盈余分配、亏损处理；章程修改程序；解散事由和清算办法；公告事项及发布方式；附加表决权的设立、行使方式和行使范围；需要载明的其他事项。

③ 有符合合作社法规定的组织机构　农民专业合作社的组织机构包括成员大会、理事会、经理、监事会。具体内容见"农民专业合作社的组织机构"。

④ 有符合法律、行政法规规定的名称和章程确定的住所　农民专业合作社的名称应当含有"专业合作社"字样，并符合国家有关企业名称登记管理的规定。农民专业合作社主要办事机构所在地是其住所。

⑤ 有符合章程规定的成员出资　农民专业合作社成员可以用货币出资，也可以用实物、知识产权、土地经营权、林权等可以用货币估价并可以依法转让的非货币财产，以及章程规定的其他方式作价出资。但是，农民专业合作社成员不得以对该社或者其他成员的债权，充抵出资；不得以缴纳的出资，抵销对该社或者其他成员的债务。

（2）农民专业合作社的设立登记

设立农民专业合作社，应当向工商行政管理部门提交下列文件：登记申请书；全体设立人签名、盖章的设立大会纪要；全体设立人签名、盖章的章程；法定代表人、理事的任职文件及身份证明；出资成员签名、盖章的出资清单；住所使用证明；法律、行政法规规定的其他文件。

登记机关应当自受理登记申请之日起二十日内办理完毕，向符合登记条件的申请者颁发营业执照，登记类型为农民专业合作社。登记机关办理农民专业合作社登记不收取费用，应当将农民专业合作社的登记信息通报同级农业等有关部门。

3. 农民专业合作社的组织机构

（1）成员大会

① 成员大会职权 成员大会由全体成员组成，是本社的权力机构，行使下列职权：修改章程；选举和罢免理事长、理事、执行监事或者监事会成员；决定重大财产处置、对外投资、对外担保和生产经营活动中的其他重大事项；批准年度业务报告、盈余分配方案、亏损处理方案；对合并、分立、解散、清算，以及设立、加入联合社等作出决议；决定聘用经营管理人员和专业技术人员的数量、资格和任期；听取理事长或者理事会关于成员变动情况的报告，对成员的入社、除名等作出决议；公积金的提取及使用；章程规定的其他职权。

② 成员大会选举和表决 农民专业合作社成员大会选举和表决，实行一人一票制，成员各享有一票的基本表决权。出资额或者与本社交易量（额）较大的成员按照章程规定，可以享有附加表决权。本社的附加表决权总票数，不得超过本社成员基本表决权总票数的百分之二十。享有附加表决权的成员及其享有的附加表决权数，应当在每次成员大会召开时告知出席会议的全体成员。

③ 成员大会决议 农民专业合作社召开成员大会，出席人数应当达到成员总数三分之二以上。成员大会选举或者作出决议，应当由本社成员表决权总数过半数通过；作出修改章程或者合并、分立、解散，以及设立、加入联合社的决议应当由本社成员表决权总数的三分之二以上通过。

章程对表决权数有较高规定的从其规定。

(2) 理事会

农民专业合作社设理事长一名，可以设理事会。理事会会议的表决，实行一人一票。理事长、理事由成员大会从本社成员中选举产生，依照合作社法和章程的规定行使职权，对成员大会负责。

理事长、理事和管理人员不得有下列行为：侵占、挪用或者私分本社资产；违反章程规定或者未经成员大会同意，将本社资金借贷给他人或者以本社资产为他人提供担保；接受他人与本社交易的佣金归为己有；从事损害本社经济利益的其他活动。理事长、理事和管理人员违反规定所得的收入，应归本社所有；给本社造成损失的，承担赔偿责任。

(3) 经理

农民专业合作社的理事长或者理事会可以按照成员大会的决定聘任经理和财务会计人员，理事长或者理事可以兼任经理。经理按照章程规定和理事长或者理事会授权，负责具体生产经营活动。

(4) 监事会

农民专业合作社可以设执行监事或者监事会。监事会会议的表决，实行一人一票。执行监事或者监事会成员，由成员大会从本社成员中选举产生，依照合作社法和章程的规定行使职权，对成员大会负责。

理事长、理事、经理和财务会计人员不得兼任监事。

4. 农民专业合作社的财务管理

(1) 财会制度

农民专业合作社应当按照财务会计制度进行财务管理和会计核算，与其成员的交易、与利用其服务的非成员的交易，应当分别核算。

农民专业合作社的理事长或者理事会应当按照章程规定，组织编制年度业务报告、盈余分配方案、亏损处理方案以及财务会计报告，于成员大会召开的十五日前，置备于办公地点，供成员查阅。

(2) 成员账户

农民专业合作社可以按照章程规定或者成员大会决议从当年盈余中提

取公积金，按照章程规定量化为每个成员的份额。公积金用于弥补亏损、扩大生产经营或者转为成员出资。

农民专业合作社应当为每个成员设立成员账户，主要记载下列内容：该成员的出资额；量化为该成员的公积金份额；该成员与本社的交易量（额）。

（3）盈余分配

弥补亏损、提取公积金后的当年盈余为农民专业合作社的可分配盈余，主要按照成员与本社的交易量（额）比例返还，返还总额不得低于可分配盈余的百分之六十；返还后的剩余部分，以成员账户中记载的出资额和公积金份额，以及本社接受国家财政直接补助和他人捐赠形成的财产平均量化到成员的份额，按比例分配给本社成员。

经成员大会或者成员代表大会表决同意，可以将全部或者部分可分配盈余转为对农民专业合作社的出资，并记载在成员账户中，具体分配办法按照章程规定或者经成员大会决议确定。

5. 农民专业合作社联合社

（1）农民专业合作社联合社的设立

三个以上的农民专业合作社在自愿的基础上，可以出资设立农民专业合作社联合社。农民专业合作社联合社应当有自己的名称、组织机构和住所，由联合社全体成员制定并承认的章程，以及符合章程规定的成员出资。

（2）农民专业合作社联合社的责任

农民专业合作社联合社依法登记，取得法人资格，领取营业执照，登记类型为农民专业合作社联合社。农民专业合作社联合社以其全部财产对该社的债务承担责任；农民专业合作社联合社的成员以其出资额为限对农民专业合作社联合社承担责任。

（3）农民专业合作社联合社的组织机构

农民专业合作社联合社设立由全体成员参加的成员大会，其选举和表决实行一社一票。成员大会的职权包括修改农民专业合作社联合社章程，选举和罢免农民专业合作社联合社理事长、理事和监事，决定农民专业合作社联合社的经营方案及盈余分配，决定对外投资和担保方案等重大事项。

农民专业合作社联合社可以根据需要设立理事会、监事会或者执行监事。理事长、理事应当由成员社选派的人员担任。

6. 农民专业合作社的扶持措施

(1) 项目扶持

国家支持发展农业和农村经济的建设项目，可以委托和安排有条件的农民专业合作社实施。

(2) 财政扶持

中央和地方财政应当分别安排资金，支持农民专业合作社开展信息、培训、农产品标准与认证、农业生产基础设施建设、市场营销和技术推广等服务。国家对革命老区、民族地区、边疆地区和贫困地区的农民专业合作社给予优先扶助。

(3) 金融扶持

国家政策性金融机构应当采取多种形式，为农民专业合作社提供多渠道的资金支持。国家鼓励商业性金融机构采取多种形式，为农民专业合作社及其成员提供金融服务，鼓励保险机构，采取多种形式为农民专业合作社提供多种形式的农业保险服务，鼓励保险机构为农民专业合作社依法开展互助保险。

(4) 税收扶持

农民专业合作社享受国家规定的对农业生产、加工、流通、服务和其他涉农经济活动相应的税收优惠。

(5) 用地用电扶持

农民专业合作社从事农产品初加工用电执行农业生产用电价格，生产性配套辅助设施用地按农用地管理。

第四节　工业产权法

一、商标法

1. 商标与注册商标

（1）商标与注册商标的含义

① 商标　商标是指商品生产者、经营者提供的商品或者服务的标记。商标是区别不同生产者或者经营者的标记，是合作者、消费者选择商品或者服务的重要依据。

② 注册商标　注册商标，是指申请人向商标局申请并获得核准，获得商标专用权的商标，包括商品商标、服务商标和集体商标、证明商标。商标注册人对注册商标享有商标专用权，受法律保护。商标注册人使用注册商标，可以在商品、商品包装、说明书或者其他附着物上标明"注册商标"或者标注注册标记（®和®）。

（2）商标的注册与使用

① 作为商标注册的标志　任何能够将自然人、法人或者其他组织的商品与他人的商品区别开的标志，包括文字、图形、字母、数字、三维标志、颜色组合和声音等，以及上述要素的组合，均可以作为商标申请注册。

申请注册的商标，应当有显著特征，便于识别，并不得与他人在先取得的合法权利相冲突。

案例：贵阳南明老干妈风味食品有限责任公司（下称贵阳老干妈公司）"陶华碧老干妈及图"商标，由汉字"陶华碧""老干妈"以及中年女性头像图形构成，于1998年申请注册并分别于2000年4月和2003年5月获准注册，均核定使用在豆豉、油辣椒（调味品）等商品上，目前均在有效期内。湖南某食品有限公司的"某老干妈及图"商标，由汉字"某老干妈"以及一中年女性头像图形构成，于2001年4月提出该商标的注册申请，指定使用在八宝饭、饼干等商品上，其包装瓶贴与贵阳老干妈公司使用的瓶贴相比，在色彩、图案、产品名称方面及"老干妈"3个字的字体方面几乎相同。贵阳老干妈公司认为，湖南"某老干妈及图"商标指定使用的八宝饭和饼干等商品与自己公司商标核定使用的商品关联密切构成类似商品，是对他人已注册商标的复制、模仿，侵犯了贵阳老干妈公司在先商号权以及知名商品的特有名称权。

分析：人民法院审理后认定"老干妈"为贵阳老干妈公司生产的风味豆豉的注册商标，湖南某公司的行为已经构成了对贵阳老干妈公司享有的商品特有名称、包装、装潢的商标侵权，判决要求湖南某公司停止在产品上使用"老干妈"商标、停止使用与贵阳老干妈公司风味豆豉瓶贴近似的瓶贴，并赔偿贵阳老干妈公司经济损失40万元。

② 不得作为商标注册的标志　不得作为商标注册的标志有：仅有本商品的通用名称、图形、型号的；仅直接表示商品的质量、主要原料、功能、用途、重量、数量及其他特点的；其他缺乏显著特征的。该标志经过使用取得显著特征，并便于识别的，可以作为商标注册。

③ 不得作为商标使用的标志　不得作为商标使用的标志包括：同中华人民共和国的国家名称、国旗、国徽、国歌、军旗、军徽、军歌、勋章等相同或者近似的，以及同中央国家机关的名称、标志、所在地特定地点的名称或者标志性建筑物的名称、图形相同的；同外国的国家名称、国旗、国徽、军旗等相同或者近似的，但经该国政府同意的除外；同政府间国际组织的名称、旗帜、徽记等相同或者近似的，但经该组织同意或者不易误导公众的除外；与表明实施控制、予以保证的官方标志、检验印记相同或者近似的，但经授权的除外；同"红十字""红新月"的名称、标志相同或者近似的；带有民族歧视性的；带有欺骗性，容易使公众对商品的质量等特点或者产地产生误认的；有害于社会主义道德风尚或者有其他不良影响的。

2. 商标注册的申请、审查、核准

（1）商标注册的申请

商标注册申请人应当按规定的商品分类表填报使用商标的商品类别和商品名称，提出注册申请。商标注册申请人可以通过一份申请就多个类别的商品申请注册同一商标。注册商标需要在核定使用范围之外的商品上取得商标专用权的，应当另行提出注册申请。

（2）商标注册的审查

两个或者两个以上的商标注册申请人，在同一种商品或者类似商品上，以相同或者近似的商标申请注册的，初步审定并公告申请在先的商标；同一天申请的，初步审定并公告使用在先的商标，驳回其他人的申请，不予公告。

申请商标注册不得损害他人现有的在先权利，也不得以不正当手段抢先注册他人已经使用并有一定影响的商标。

（3）商标注册的核准

对申请注册的商标，商标局应当自收到商标注册申请文件之日起九个月内审查完毕，符合规定的予以初步审定公告。自公告之日起三个月内，在先权利人、利害关系人可以向商标局提出异议。公告期满无异议的，予以核准注册，发给商标注册证，并予公告。

3. 注册商标专用权的保护

（1）注册商标的期限

注册商标的有效期为十年，自核准注册之日起计算。

注册商标有效期满，需要继续使用的，商标注册人应当在期满前十二个月内按照规定办理续展手续；在此期间未能办理的，可以给予六个月的宽展期。每次续展注册的有效期为十年，自该商标上一届有效期满次日起计算。期满未办理续展手续的，注销其注册商标。

（2）侵犯注册商标专用权的行为

① 未经商标注册人的许可，在同一种商品上使用与其注册商标相同的商标的；

② 未经商标注册人的许可，在同一种商品上使用与其注册商标近似的商标，或者在类似商品上使用与其注册商标相同或者近似的商标，容易导致混淆的；

③ 销售侵犯注册商标专用权的商品的，但是销售不知道是侵犯注册商标专用权的商品，能证明该商品是自己合法取得并说明提供者的不承担

赔偿责任；

④ 伪造、擅自制造他人注册商标标识或者销售伪造、擅自制造的注册商标标识的；

⑤ 未经商标注册人同意，更换其注册商标并将该更换商标的商品又投入市场的；

⑥ 故意为侵犯他人商标专用权行为提供便利条件，帮助他人实施侵犯商标专用权行为的；

⑦ 给他人的注册商标专用权造成其他损害的。

将他人注册商标、未注册的驰名商标作为企业名称中的字号使用，误导公众，构成不正当竞争行为的，依照《中华人民共和国反不正当竞争法》处理。

(3) 侵犯注册商标专用权的责任

侵犯注册商标专用权行为引起纠纷的，由当事人协商解决；不愿协商或者协商不成的，商标注册人或者利害关系人可以向人民法院起诉，也可以请求工商行政管理部门处理。

侵犯商标专用权的赔偿数额，按照权利人因被侵权所受到的实际损失确定；实际损失难以确定的，可以按照侵权人因侵权所获得的利益确定；权利人的损失或者侵权人获得的利益难以确定的，参照该商标许可使用费的倍数合理确定。对恶意侵犯商标专用权，情节严重的，可以在按照上述方法确定数额的一倍以上五倍以下确定赔偿数额。赔偿数额应当包括权利人为制止侵权行为所支付的合理开支。

案例：某市一家以"××"为企业字号的酒业有限公司对外宣称与××乳业股份有限公司是一家，被××乳业股份有限公司以侵犯注册商标专用权及不正当竞争为由告上法庭。××乳业股份有限公司诉称，××酒业有限公司明知××品牌具有较高知名度，仍恶意申请注册以"××"为字号的企业名称，生产和销售同样作为乳制品系列的奶酒产品，并在其生产和销售的奶酒包装及广告宣传中突出使用"××酒业"字样，涉嫌商标侵权及不正当竞争。

判决：2006年12月，市第一中级人民法院一审判决，被告××酒业有限公司在合理清理期满两个月后，停止使用含有××字样的企业名称，并赔偿原告经济损失400万元。

二、专利法

专利法的制定是为了保护专利权人的合法权益，鼓励发明创造，推动发明创造的应用，提高创新能力，促进科学技术进步和经济社会发展。

1. 授予专利权的条件

(1) 发明创造的类型

① 发明　发明，是指对产品、方法或者其改进所提出的新的技术方案，包括发明的成果或是提供前所未有的新产品，或是提供加工制作的新工艺、新方法。如对机器设备、仪表装备和消费用品以及有关制造工艺、生产流程和检测控制方法的创新。

② 实用新型　实用新型，是指对产品的形状、构造或者其结合所提出的适于实用的新的技术方案。如对机器、设备、仪表、装置、用具等有形物的形状、构造或者他们的结合的革新创造。实用新型创造性和技术水平较发明低，但实用价值大，在这个意义上实用新型有时又会被人们称为小发明或小专利。

③ 外观设计　外观设计，是指对产品的形状、图案或者其结合以及色彩与形状、图案的结合所作出的富有美感并适于工业应用的新设计。外观设计专利是对产品的形状、图案或者其结合的设计以及色彩与形状、图案的结合的设计，适于工业上的应用并且富有美感。

(2) 授予专利权的条件

① 发明和实用新型的条件

a. 新颖性，是指发明或者实用新型不属于申请日以前在国内外为公众所知的技术；也没有任何单位或者个人就同样的发明或者实用新型在申请日以前向国务院专利行政部门提出过申请，并记载在申请日以后公布的专利申请文件或者公告的专利文件中。

b. 创造性，是指与现有技术相比，该发明具有突出的实质性特点和显著的进步，该实用新型具有实质性特点和进步。

c. 实用性，是指该发明或者实用新型能够制造或者使用，并且能够产生积极效果。

② 外观设计的条件　外观设计不属于申请日以前在国内外为公众所知的设计；也没有任何单位或者个人就同样的外观设计在申请日以前向国务院专利行政部门提出过申请，并记载在申请日以后公告的专利文件中。外观设计与申请日以前在国内外为公众所知的设计或者其特征的组合相比，应当具有明显区别，不得与他人在申请日以前已经取得的合法权利相冲突。

(3) 不授予专利权的情形

不授予专利权情形有：科学发现；智力活动的规则和方法；疾病的诊断和治疗方法；动物和植物品种；用原子核变换方法获得的物质；对平面印刷品的图案、色彩或者二者的结合作出的主要起标识作用的设计。

2. 专利的申请、审查、批准

(1) 专利的申请

申请发明或者实用新型专利的，应当提交请求书、说明书及其摘要和权利要求书等文件。一件发明或者实用新型专利申请应当限于一项发明或者实用新型；属于一个总的发明构思的两项以上的发明或者实用新型可以作为一件申请提出。

申请外观设计专利的，应当提交请求书、该外观设计的图片或者照片以及对该外观设计的简要说明等文件。一件外观设计专利申请应当限于一项外观设计；同一产品两项以上的相似外观设计，或者用于同一类别并且成套出售或者使用的产品的两项以上外观设计，可以作为一件申请提出。

国务院专利行政部门收到专利申请文件之日为申请日。如果申请文件是邮寄的，以寄出的邮戳日为申请日。

(2) 专利申请的审查

国务院专利行政部门收到发明专利申请后，经初步审查认为符合法律要求的，自申请日起满十八个月即行公布。国务院专利行政部门可以根据申请人的请求早日公布其申请。

发明专利申请自申请日起三年内，国务院专利行政部门可以根据申请人随时提出的请求，对其申请进行实质审查；申请人无正当理由逾期不请求实质审查的，该申请即被视为撤回。

（3）专利申请的批准

发明专利申请经实质审查没有发现驳回理由的，由国务院专利行政部门作出授予发明专利权的决定，发给发明专利证书同时予以登记和公告。发明专利权自公告之日起生效。

实用新型和外观设计专利申请经初步审查没有发现驳回理由的，由国务院专利行政部门作出授予实用新型专利权或者外观设计专利权的决定，发给相应的专利证书同时予以登记和公告。实用新型专利权和外观设计专利权自公告之日起生效。

3. 专利权的保护

（1）专利权的期限

发明专利权的期限为二十年，实用新型专利权和外观设计专利权的期限为十年，均自申请日起计算。专利权人应当自被授予专利权的当年开始缴纳年费。

（2）专利权的保护

未经专利权人许可，实施其专利，即侵犯其专利权，引起纠纷的，由当事人协商解决；不愿协商或者协商不成的，专利权人或者利害关系人可以向人民法院起诉，也可以请求管理专利工作的部门处理。侵犯专利权的诉讼时效为二年，自专利权人或者利害关系人得知或者应当得知侵权行为之日起计算。

侵犯专利权的赔偿数额按照权利人因被侵权所受到的实际损失确定；实际损失难以确定的，可以按照侵权人因侵权所获得的利益确定。权利人的损失或者侵权人获得的利益难以确定的，参照该专利许可使用费的倍数合理确定。如果仍然难以确定的，人民法院可以根据专利权的类型、侵权行为的性质和情节等因素，确定给予一万元以上一百万元以下的赔偿。赔偿数额还应当包括权利人为制止侵权行为所支付的合理开支。

在专利侵权纠纷中，被控侵权人有证据证明其实施的技术或者设计属于现有技术或者现有设计的，不构成侵犯专利权。为生产经营目的的使用、许诺销售或者销售不知道是未经专利权人许可而制造并售出的专利侵权产品，能证明该产品合法来源的，不承担赔偿责任。

案例： 某农药厂作为生产农药的老牌企业，在行业中拥有一定的影响力。2000 年，其研制开发出一种新型的高效氯氰菊酯乳油，该产品是一种安全有效的广谱杀虫剂，为此该企业为产品设计了瓶贴外包装，并于 2001 年 2 月申请了国家外观设计专利。同年，该外观设计被授予专利权。2003 年，该公司发现有的公司在同类产品上使用与之相同的外观设计，只是将商品名称做了变化。该企业要依法维护自己的权利应如何去做？

分析： 根据我国专利法的规定："外观设计，是指对产品的形状、图案或者其结合以及色彩与形状、图案的结合所作出的富有美感并适于工业应用的新设计"。该企业对于瓶贴外包装有国家外观设计专利权，有公司在同类产品上使用与之相同的外观设计侵犯了外观设计专利权。该企业可以与有关公司协商解决；不愿协商或者协商不成的，可以向人民法院起诉，也可以请求管理专利工作的部门处理。

第五节　劳　动　法

一、劳动合同法

中华人民共和国境内的企业、个体经济组织、民办非企业单位等组织（以下称用人单位）与劳动者建立劳动关系，订立、履行、变更、解除或者终止劳动合同，适用劳动合同法。国家机关、事业单位、社会团体和与其建立劳动关系的劳动者，订立、履行、变更、解除或者终止劳动合同，依照劳动合同法执行。

1. 劳动合同的订立

劳动合同，是指劳动者与用人单位之间确立劳动关系，明确双方权利和义务的协议。劳动合同是确立劳动关系的重要形式，是用人单位与劳动者劳动权利义务的主要依据。

自用工之日起即与劳动者建立劳动关系，用人单位应当与劳动者订立书面劳动合同。已建立劳动关系，未同时订立书面劳动合同的，用人单位应当自用工之日起一个月内订立书面劳动合同。用人单位自用工之日起超过一个月不满一年未与劳动者订立书面劳动合同的，应当向劳动者每月支付二倍的工资。

用人单位变更名称、法定代表人、主要负责人或者投资人等事项，不影响劳动合同的履行。用人单位发生合并或者分立等情况，原劳动合同继续有效，劳动合同由承继其权利和义务的用人单位继续履行。

案例：赵某与某公司签订了五年劳动合同，赵某工作岗位是从事专业对口的人事工作。2015年公司更换了法定代表人，公司将赵某安排到市场部做推销员。赵某要求公司按合同约定安排工作，而公司以合同是前任领导签订的为由，不同意赵某的要求，双方发生争议，赵某向劳动争议仲裁委员会提出申诉，要求公司履行劳动合同。请对该案例进行分析。

分析：根据《中华人民共和国劳动合同法》的规定，依法订立的劳动合同具有法律约束力，用人单位与劳动者应当履行劳动合同约定的义务。企业的法定代表人在劳动关系中的职务行为属于公司行为，只要公司法人资格不变，法定代表人无论如何变动，都不应影响公司的权利和履行义务，公司应当继续履行与劳动者签订的劳动合同。

---

2. 劳动合同的条款

(1) 劳动合同的必备条款

① 用人单位的名称、住所和法定代表人或者主要负责人　用人单位的名称、住所和法定代表人或者主要负责人的信息应当完全属实，并且与工商登记信息完全一致。

② 劳动者的姓名、住址和居民身份证或者其他有效身份证件号码　劳动者的身份信息应当与居民身份证完全一致，应当避免身份信息使用不规范导致劳动者权益受损害。

③ 劳动合同期限　劳动合同分为固定期限劳动合同、无固定期限劳动合同和以完成一定工作任务为期限的劳动合同。固定期限劳动合同，是指用人单位与劳动者约定合同终止时间的劳动合同。无固定期限劳动合同，是指用人单位与劳动者约定无确定终止时间的劳动合同。以完成一定工作任务为期限的劳动合同，是指用人单位与劳动者约定以某项工作的完成为合同期限的劳动合同。

④ 工作内容和工作地点　工作岗位内容和工作地点要明确具体，以便更好地维护劳动者权益。

⑤ 工作时间和休息休假　我国实行劳动者每日工作时间不超过八小时、平均每周工作时间不超过四十四小时的工时制度。用人单位由于生产经营需要，经与工会和劳动者协商后可以延长工作时间，一般每日不得超过一小时；因特殊原因需要延长工作时间的，在保障劳动者身体健康的条件下延长工作时间每日不得超过三小时，但是每月不得超过三十六小时。用人单位应当保证劳动者每周至少休息一日。用人单位在法定节假日期间应当依法安排劳动者休假。

⑥ 劳动报酬　用人单位根据本单位的生产经营特点和经济效益，依法自主确定本单位的工资分配方式和工资水平。国家实行最低工资保障制度，用人单位支付劳动者的工资不得低于当地最低工资标准。工资应当以货币形式按月支付给劳动者本人，不得克扣或者无故拖欠劳动者的工资。

有下列情形之一的，用人单位应当按照下列标准支付高于劳动者正常工作时间工资的工资报酬：安排劳动者延长工作时间的，支付不低于工资的百分之一百五十的工资报酬；休息日安排劳动者工作又不能安排补休的，支付不低于工资的百分之二百的工资报酬；法定休假日安排劳动者工作的，支付不低于工资的百分之三百的工资报酬。

⑦ 社会保险　国家建立基本养老保险、基本医疗保险、工伤保险、失业保险、生育保险等社会保险制度，职工应当参加基本养老保险、基本医疗保险、工伤保险、失业保险、生育保险。基本养老保险、基本医疗保险、失业保险，由用人单位和职工共同缴纳保险费，工伤保险、生育保险，由用人单位缴纳保险费职工不缴纳。

⑧ 劳动保护、劳动条件和职业危害防护　用人单位必须建立、健全劳动安全卫生制度，严格执行国家劳动安全卫生规程和标准，对劳动者进行劳动安全卫生教育，防止劳动过程中的事故，减少职业危害。用人单位必须为劳动者提供符合国家规定的劳动安全卫生条件和必要的劳动防护用品，对从事有职业危害作业的劳动者应当定期进行健康检查。

⑨ 法律、法规规定应当纳入劳动合同的其他事项　如对女职工和未成年工实行特殊劳动保护等。

（2）劳动合同的可备条款

① 试用期条款　劳动合同期限三个月以上不满一年的，试用期不得

超过一个月；劳动合同期限一年以上不满三年的，试用期不得超过二个月；三年以上固定期限和无固定期限的劳动合同，试用期不得超过六个月。试用期包含在劳动合同期限内，同一用人单位与同一劳动者只能约定一次试用期。劳动者在试用期的工资不得低于本单位相同岗位最低档工资或者劳动合同约定工资的百分之八十，并不得低于用人单位所在地的最低工资标准。

② 服务期条款　用人单位为劳动者提供专项培训费用，对其进行专业技术培训的，可以与该劳动者订立协议，约定服务期。用人单位与劳动者约定服务期的，不影响按照正常的工资调整机制提高劳动者在服务期期间的劳动报酬。劳动者违反服务期约定的，应当按照约定向用人单位支付违约金。违约金的数额不得超过用人单位提供的培训费用。用人单位要求劳动者支付的违约金不得超过服务期尚未履行部分所应分摊的培训费用。

③ 保密条款　用人单位与劳动者可以在劳动合同中约定保守用人单位的商业秘密和与知识产权相关的保密事项。对负有保密义务的劳动者，用人单位可以在劳动合同或者保密协议中与劳动者约定竞业限制条款，并约定在解除或者终止劳动合同后，在竞业限制期限内按月给予劳动者经济补偿。劳动者违反竞业限制约定的，应当按照约定向用人单位支付违约金。

3. 劳动合同的效力

（1）劳动合同的生效

劳动合同由用人单位与劳动者协商一致，并经用人单位与劳动者在劳动合同文本上签字或者盖章生效。劳动合同文本由用人单位和劳动者各执一份。

（2）劳动合同的无效

① 劳动合同无效的情形　以欺诈、胁迫的手段或者乘人之危，使对方在违背真实意思的情况下订立或者变更劳动合同的；用人单位免除自己的法定责任、排除劳动者权利的；违反法律、行政法规强制性规定的。对劳动合同的无效或者部分无效有争议的，由劳动争议仲裁机构或者人民法院确认。

② 劳动合同无效的后果　劳动合同部分无效，不影响其他部分效力

的，其他部分仍然有效。劳动合同被确认无效，劳动者已付出劳动的，用人单位应当向劳动者支付劳动报酬。劳动报酬的数额，参照本单位相同或者相近岗位劳动者的劳动报酬确定。

4. 劳动合同的解除

(1) 双方协商解除劳动合同

用人单位与劳动者协商一致可以解除劳动合同。在劳动合同履行过程中或者劳动合同终止时，用人单位或者劳动者都可以提出并与另一方协商解除或者不续订劳动合同。

劳动者提出解除或者不续订劳动合同与用人单位协商的，用人单位不需向劳动者支付解除劳动合同经济补偿金；用人单位提出解除或者不续订劳动合同与劳动者协商的，用人单位应当向劳动者支付解除劳动合同经济补偿金。

(2) 劳动者单方解除劳动合同

① 劳动者可以解除劳动合同的情形　用人单位未按照劳动合同约定提供劳动保护或者劳动条件的；未及时足额支付劳动报酬的；未依法为劳动者缴纳社会保险费的；规章制度违反法律、法规的规定，损害劳动者权益的；因违反法律、行政法规致使劳动合同无效的；法律、行政法规规定劳动者可以解除劳动合同的其他情形。

② 劳动者解除劳动合同的程序　劳动者提前三十日以书面形式通知用人单位，可以解除劳动合同。劳动者在试用期内提前三日通知用人单位，可以解除劳动合同。用人单位以暴力、威胁或者非法限制人身自由的手段强迫劳动者劳动的，或者用人单位违章指挥、强令冒险作业危及劳动者人身安全的，劳动者可以立即解除劳动合同，不需事先告知用人单位。

③ 劳动者可以解除劳动合同的后果　用人单位应当支付劳动者经济补偿金。

(3) 用人单位单方解除劳动合同

① 用人单位可以解除劳动合同　劳动者有下列情形之一的，用人单位可以解除劳动合同：在试用期间被证明不符合录用条件的；严重违反用人单位的规章制度的；严重失职营私舞弊，造成重大损害的；同时

与其他用人单位建立劳动关系，对完成本单位的工作任务造成严重影响，或者经提出拒不改正的；以欺诈、胁迫的手段或乘人之危，使对方在违背真实意思的情况下订立或变更的劳动合同无效的；被依法追究刑事责任的。

② 用人单位附条件解除合同　有下列情形之一的，用人单位提前三十日以书面形式通知劳动者本人或者额外支付劳动者一个月工资后，可以解除劳动合同：劳动者患病或者非因工负伤，在规定的医疗期满后不能从事原工作，也不能从事由用人单位另行安排的工作的；劳动者不能胜任工作，经过培训或者调整工作岗位，仍不能胜任工作的；劳动合同订立时所依据的客观情况发生重大变化，致使劳动合同无法履行，经用人单位与劳动者协商，未能就变更劳动合同内容达成协议的。

用人单位附条件解除劳动合同的，应当向劳动者支付经济补偿金。

③ 用人单位不得解除劳动合同　劳动者有下列情形之一的，用人单位不得解除劳动合同：从事接触职业病危害作业的劳动者未进行离岗前职业健康检查，或者疑似职业病病人在诊断或者医学观察期间的；在本单位患职业病或者因工负伤并被确认丧失或者部分丧失劳动能力的；患病或者非因工负伤，在规定的医疗期内的；女职工在孕期、产期、哺乳期的；在本单位连续工作满十五年，且距法定退休年龄不足五年的；法律、行政法规规定的其他情形。

(4) 解除劳动合同的经济补偿金

经济补偿金按劳动者在本单位工作的年限，每满一年支付一个月工资的标准向劳动者支付。六个月以上不满一年的，按一年计算；不满六个月的，向劳动者支付半个月工资的经济补偿。

劳动者月工资高于用人单位所在直辖市、设区的市级人民政府公布的本地区上年度职工月平均工资三倍的，向其支付经济补偿的标准按职工月平均工资三倍的数额支付，向其支付经济补偿的年限最高不超过十二年。月工资，是指劳动者在劳动合同解除或者终止前十二个月的平均工资。

用人单位违法解除或者终止劳动合同，劳动者要求继续履行劳动合同的，用人单位应当继续履行；劳动者不要求继续履行劳动合同或者劳动合同已经不能继续履行的，用人单位应当依照经济补偿标准的二倍向劳动者支付赔偿金。

案例：张某任某外贸公司的货运经理。2016年8月，张某因生活琐事影响工作情绪，货物装船时没有检查船只的冷冻措施就将冷冻货物装船。货物运抵目的地后全部变质，买方拒绝接收，要求退货，致使公司损失了100万元。公司解除与张某的劳动合同，并要求张某承担责任。张某认为，自己与公司的3年期劳动合同还没有到期，公司解除劳动合同属于违法，应当向自己支付经济补偿金。请对该案例进行分析。

分析：《中华人民共和国劳动合同法》规定，劳动者严重失职，营私舞弊，造成重大损害的，用人单位可以解除劳动合同。外贸公司解除劳动合同符合法定的用人单位解除劳动合同的条件，不构成违法，因此，单位不须支付违约赔偿金。反之，张某给外贸公司造成了重大损失，应在其责任范围内承担赔偿责任。

二、劳动争议调解仲裁法

1. 劳动争议

(1) 劳动争议的概念

劳动争议，是指劳动关系的当事人之间因执行劳动法律法规和履行劳动合同而发生的纠纷，即劳动者与所在单位之间因劳动关系中的权利义务而发生的纠纷。

劳动争议的类型包括：因确认劳动关系发生的争议；因订立、履行、变更、解除和终止劳动合同发生的争议；因除名、辞退和辞职、离职发生的争议；因工作时间、休息休假、社会保险、福利、培训以及劳动保护发生的争议；因劳动报酬、工伤医疗费、经济补偿或者赔偿金等发生的争议；法律、法规规定的其他劳动争议。

(2) 劳动争议的解决途径

① 劳动者可以与用人单位协商，也可以请工会或者第三方共同与用人单位协商，达成和解协议；

② 当事人不愿协商、协商不成或者达成和解协议后不履行的，可以向调解组织申请调解；

③ 当事人不愿调解、调解不成或者达成调解协议后不履行的，可以向劳动争议仲裁委员会申请仲裁；

④ 当事人对仲裁裁决不服的，除法律规定一裁终裁的以外可以向人民法院提起诉讼。

2. 劳动争议调解

(1) 劳动争议调解机构

当事人发生劳动争议可以到下列调解组织申请调解：企业劳动争议调解委员会；依法设立的基层人民调解组织；在乡镇、街道设立的具有劳动争议调解职能的组织。

(2) 劳动争议调解协议

调解劳动争议，应当充分听取双方当事人对事实和理由的陈述，耐心疏导，帮助其达成协议。

经调解达成协议的，应当制作调解协议书。调解协议书由双方当事人签名或者盖章，经调解员签名并加盖调解组织印章后生效，对双方当事人具有约束力，当事人应当履行。

达成调解协议后，一方当事人在协议约定期限内不履行调解协议的，另一方当事人可以依法申请仲裁。因支付拖欠劳动报酬、工伤医疗费、经济补偿或者赔偿金事项达成调解协议，用人单位在协议约定期限内不履行的，劳动者可以持调解协议书依法向人民法院申请支付令。

3. 劳动争议仲裁

(1) 劳动争议仲裁的管辖

劳动争议由劳动合同履行地或者用人单位所在地的劳动争议仲裁委员会管辖。双方当事人分别向劳动合同履行地和用人单位所在地的劳动争议仲裁委员会申请仲裁的，由劳动合同履行地的劳动争议仲裁委员会管辖。

(2) 劳动争议仲裁时效

劳动争议申请仲裁的时效期间为一年，仲裁时效期间从当事人知道或者应当知道其权利被侵害之日起计算。

仲裁时效，因当事人一方向对方当事人主张权利，或者向有关部门请求权利救济，或者对方当事人同意履行义务而中断。从中断时起，仲裁时效期间重新计算。

因不可抗力或者有其他正当理由，当事人不能在仲裁时效期间申请仲裁的，仲裁时效中止。从中止时效的原因消除之日起，仲裁时效期间继续计算。

劳动关系存续期间因拖欠劳动报酬发生争议的，劳动者申请仲裁不受前文所说一年仲裁时效期间的限制；但是，劳动关系终止的，应当自劳动关系终止之日起一年内提出。

(3) 劳动争议仲裁申请

申请人申请劳动争议仲裁应当提交书面仲裁申请书，并按照被申请人人数提交副本。

仲裁申请书应当载明下列事项：劳动者的姓名、性别、年龄、职业、工作单位和住所，用人单位的名称、住所和法定代表人或者主要负责人的姓名、职务；仲裁请求和所根据的事实、理由；证据和证据来源、证人姓名和住所。

(4) 劳动争议仲裁裁决

仲裁庭在作出裁决前，应当先行调解。调解达成协议的，仲裁庭应当制作调解书。调解不成或者调解书送达前，一方当事人反悔的，仲裁庭应当及时作出裁决。

仲裁庭裁决劳动争议案件，应当自劳动争议仲裁委员会受理仲裁申请之日起四十五日内结束。案情复杂需要延期的，经劳动争议仲裁委员会主任批准，可以延期并书面通知当事人，但是延长期限不得超过十五日。逾期未作出仲裁裁决的，当事人可以就该劳动争议事项向人民法院提起诉讼。

(5) 劳动争议仲裁效力

除劳动者对仲裁裁决不服，十五日内向人民法院提起诉讼的以外，下列劳动争议仲裁裁决为终局裁决，自作出之日起发生法律效力：追索劳动报酬、工伤医疗费、经济补偿或者赔偿金，不超过当地月最低工资标准十二个月金额的争议；因执行国家的劳动标准在工作时间、休息休假、社会保险等方面发生的争议。

当事人对前两项仲裁裁决以外的其他劳动争议案件的仲裁裁决不服的，可以自收到仲裁裁决书之日起十五日内向人民法院提起诉讼；期满不起诉的，裁决书发生法律效力。

当事人对发生法律效力的调解书、裁决书，应当依照规定的期限履行。一方当事人逾期不履行的，另一方当事人可以向人民法院申请执行，受理申请的人民法院应当依法执行。

第五章

诉讼法

第一节　民事诉讼法

一、民事诉讼法概述

民事诉讼法适用于人民法院受理的公民之间、法人之间、其他组织之间以及他们相互之间因财产关系和人身关系提起的民事诉讼。凡在中华人民共和国领域内进行民事诉讼，必须遵守民事诉讼法。

1. 民事诉讼法的基本原则

（1）诉讼权利平等原则

民事诉讼当事人有平等的诉讼权利，诉讼地位完全平等。人民法院审理民事案件，平等地保障和便利当事人行使诉讼权利，对当事人在适用法律上一律平等。

（2）同等与对等原则

外国人、无国籍人、外国企业和组织在人民法院起诉、应诉，同中华人民共和国公民、法人和其他组织有同等的诉讼权利义务。外国法院对中华人民共和国公民、法人和其他组织的民事诉讼权利加以限制的，中华人民共和国人民法院对该国公民、企业和组织的民事诉讼权利，实行对等原则。

（3）调解自愿和合法原则

人民法院审理民事案件，应当根据自愿和合法的原则进行调解；调解不成的，应当及时判决。人民法院审理民事案件时，要多做说服教育和疏导工作，促使双方达成协议，解决纠纷。坚持自愿、合法进行调解的原则，必须反对两种倾向：一是忽视调解的意义，视调解工作可有可无；二是滥用调解，久调不决。

(4) 辩论与处分原则

人民法院审理民事案件时，当事人有权就有争议的问题进行辩论。在人民法院主持下，当事人有权就案件事实和争议问题，各自陈述自己的主张和根据，互相进行反驳和答辩，揭示案件的真实情况，以维护自己的合法权益。

当事人有权在法律规定的范围内处分自己的民事权利和诉讼权利。如原告可以部分或者全部放弃其诉讼请求，被告可以部分或全部承认原告的诉讼请求，诉讼当事人可以达成调解协议或者自行和解。

(5) 检察监督原则

人民检察院有权对民事诉讼实行法律监督，监督审判人员是否存在贪赃枉法、徇私舞弊等违法行为，监督对人民法院作出的生效判决、裁定是否正确合法。人民检察院监督民事诉讼活动实行法律监督，对于维护社会主义法制、保障审判权的正确行使具有重要的意义。

(6) 支持起诉原则

机关、社会团体、企业事业单位对损害国家、集体或者个人民事权益的行为，可以支持受损害的单位或者个人向人民法院起诉。机关、社会团体、企业事业单位对受损害的单位或者个人支持起诉，可以调动社会力量与违法行为做斗争，有利于祛邪扶正，构建和谐社会，促进社会主义精神文明建设。

2. 民事诉讼的法院管辖

(1) 级别管辖

基层人民法院管辖第一审民事案件，但本法另有规定的除外。中级人民法院管辖的第一审民事案件为重大涉外案件；在本辖区有重大影响的案件；最高人民法院确定由中级人民法院管辖的案件。高级人民法院管辖在本辖区有重大影响的第一审民事案件。最高人民法院管辖的第一审民事案件为在全国有重大影响的案件；认为应当由本院审理的案件。

法律链接：

《最高人民法院关于调整高级人民法院和中级人民法院管辖第一审民商事案件标准的通知》法发〔2015〕7号

一、当事人住所地均在受理法院所处省级行政辖区的第一审民商事案件……天津、河北、山西、内蒙古、辽宁、安徽、福建、山东、河南、湖北、湖南、广西、海南、四川、重庆高级人民法院，管辖诉讼标的额3亿元以上一审民商事案件，所辖中级人民法院管辖诉讼标的额3000万元以上一审民商事案件。……

二、当事人一方住所地不在受理法院所处省级行政辖区的第一审民商事案件……天津、河北、山西、内蒙古、辽宁、安徽、福建、山东、河南、湖北、湖南、广西、海南、四川、重庆高级人民法院，管辖诉讼标的额1亿元以上一审民商事案件，所辖中级人民法院管辖诉讼标的额2000万元以上一审民商事案件。……

……

四、婚姻、继承、家庭、物业服务、人身损害赔偿、名誉权、交通事故、劳动争议等案件，以及群体性纠纷案件，一般由基层人民法院管辖。

(2) 地域管辖

① 一般地域管辖　对公民提起的民事诉讼，由被告住所地人民法院管辖；被告住所地与经常居住地不一致的，由经常居住地人民法院管辖。对法人或者其他组织提起的民事诉讼，由被告住所地人民法院管辖。同一诉讼的几个被告住所地、经常居住地在两个以上人民法院辖区的，各该人民法院都有管辖权。

② 特殊地域管辖　因合同纠纷提起的诉讼，由被告住所地或者合同履行地人民法院管辖。因保险合同纠纷提起的诉讼，由被告住所地或者保险标的物所在地人民法院管辖。因侵权行为提起的诉讼，由侵权行为地（包括侵权行为实施地和侵权结果发生地）或者被告住所地人民法院管辖。因产品、服务质量不合格造成他人财产、人身损害提起的诉讼，产品制造地、产品销售地、服务提供地、侵权行为地和被告住所地人民法院都有管辖权。

③ 专属管辖 因不动产纠纷提起的诉讼，由不动产所在地人民法院管辖；因港口作业中发生纠纷提起的诉讼，由港口所在地人民法院管辖；因继承遗产纠纷提起的诉讼，由被继承人死亡时住所地或者主要遗产所在地人民法院管辖。农村土地承包经营合同纠纷、房屋租赁合同纠纷、建设工程施工合同纠纷、政策性房屋买卖合同纠纷，按照不动产纠纷确定管辖。

④ 协议管辖 合同或者其他财产权益纠纷的当事人可以书面协议选择被告住所地、合同履行地、合同签订地、原告住所地、标的物所在地等与争议有实际联系的地点的人民法院管辖，但不得违反本法对级别管辖和专属管辖的规定。

二、民事诉讼程序

1. 起诉和受理

（1）起诉

起诉必须符合下列条件：原告是与本案有直接利害关系的公民、法人和其他组织；有明确的被告；有具体的诉讼请求和事实、理由；属于人民法院受理民事诉讼的范围和受诉人民法院管辖。

起诉应当向人民法院递交起诉状，并按照被告人数提出副本。起诉状应当记明下列事项：原告的姓名、性别、年龄、民族、职业、工作单位、住所、联系方式，法人或者其他组织的名称、住所和法定代表人或者主要负责人的姓名、职务、联系方式；被告的姓名、性别、工作单位、住所等信息，法人或者其他组织的名称、住所等信息；诉讼请求和所根据的事实与理由；证据和证据来源，证人姓名和住所。

（2）受理

人民法院应当保障当事人依照法律规定享有的起诉权利。对符合条件的起诉，必须受理。符合起诉条件的，应当在七日内立案，并通知当事人。

2. 第一审程序

（1）第一审普通程序

① 审理前的准备 人民法院应当在立案之日起五日内将起诉状副本

发送被告，被告应当在收到之日起十五日内提出答辩状。被告不提出答辩状的，不影响人民法院审理。人民法院应当在受理案件通知书和应诉通知书中向当事人告知有关的诉讼权利义务，或者口头告知。

人民法院受理案件后，当事人对管辖权有异议的，应当在提交答辩状期间提出。人民法院对当事人提出的异议，应当审查。异议成立的，裁定将案件移送有管辖权的人民法院；异议不成立的，裁定驳回。

② 开庭审理　开庭审理前，书记员应当查明当事人和其他诉讼参与人是否到庭，宣布法庭纪律。

开庭审理时，由审判长核对当事人身份，宣布案由，宣布审判人员、书记员名单，告知当事人有关的诉讼权利义务，询问当事人是否提出回避申请。

③ 法庭调查　法庭调查，是法院依照法定程序在法庭上对案件事实进行调查，对各种证据予以核实的诉讼活动。法庭调查是开庭审理的核心，是案件进入实体审理的主要阶段，其主要任务是在当事人均在场的情况下，通过法院的直接审理，查明案件事实，审查核实证据，从而全面揭示案情，为认定案件事实、正确适用法律提供依据。法庭调查按照下列顺序进行：当事人陈述；告知证人的权利义务，证人作证，宣读未到庭的证人证言；出示书证、物证、视听资料和电子数据；宣读鉴定意见；宣读勘验笔录。

④ 法庭辩论　法庭辩论是双方当事人就争议的案件事实、证据的证明力、法律如何适用等方面进行的辩驳活动。通过法庭辩论合议庭可以听取各方面意见，进一步准确地查明案情、适用法律，从而作出正确判决的诉讼过程。法庭辩论按照下列顺序进行：原告及其诉讼代理人发言；被告及其诉讼代理人答辩；第三人及其诉讼代理人发言或者辩论；互相辩论。法庭辩论终结，由审判长按照原告、被告、第三人的先后顺序征询各方最后意见。

⑤ 调解或者判决　法庭辩论终结，应当依法作出判决。判决前能够调解的，还可以进行调解，调解不成的，应当及时判决。人民法院对公开审理或者不公开审理的案件，一律公开宣告判决。宣告判决时，必须告知当事人上诉权利、上诉期限和上诉的法院。宣告离婚判决，必须告知当事人在判决发生法律效力前不得另行结婚。

⑥ 审理期限　人民法院适用普通程序审理的案件，应当在立案之日

起六个月内审结。有特殊情况需要延长的，由本院院长批准，可以延长六个月；还需要延长的，报请上级人民法院批准。

（2）第一审简易程序

① 适用范围　人民法院适用简易程序审理的第一审民事案件，由审判员一人独任审理。基层人民法院和它派出的法庭适用简易程序审理事实清楚、权利义务关系明确、争议不大的简单的民事案件。

② 开庭审理　基层人民法院和它派出的法庭审理简单的民事案件，可以用简便方式传唤当事人和证人、送达诉讼文书、审理案件，但应当保障当事人陈述意见的权利。

③ 审理期限　人民法院适用简易程序审理案件，应当在立案之日起三个月内审结。

④ 小额审理　基层人民法院和它派出的法庭审理的简单的民事案件，标的额为各省、自治区、直辖市上年度就业人员年平均工资百分之三十以下的，实行一审终审。

3. 第二审程序

（1）上诉的提起

当事人不服地方人民法院第一审判决的，有权在判决书送达之日起十五日内向上一级人民法院提起上诉。当事人不服地方人民法院第一审裁定的，有权在裁定书送达之日起十日内向上一级人民法院提起上诉。

上诉应当递交上诉状，包括当事人的姓名，法人的名称及其法定代表人的姓名或者其他组织的名称及其主要负责人的姓名；原审人民法院名称、案件的编号和案由；上诉的请求和理由。上诉状应当通过原审人民法院提出，并按照对方当事人或者代表人的人数提出副本。

（2）二审审理

第二审人民法院应当对上诉请求的有关事实和适用法律进行审查。当事人没有提出请求的，不予审理，但一审判决违反法律禁止性规定，或者损害国家利益、社会公共利益、他人合法权益的除外。

第二审人民法院对上诉案件，应当组成合议庭，开庭审理。经过阅卷、调查和询问当事人，对没有提出新的事实、证据或者理由，合议庭认为不需要开庭审理的，可以不开庭审理。

（3）二审裁判

第二审人民法院对上诉案件经过审理，按照下列情形分别处理：原判决、裁定认定事实清楚，适用法律正确的，驳回上诉维持原判决、裁定；原判决、裁定认定事实错误或者适用法律错误的，依法改判、撤销或者变更；原判决认定基本事实不清的，裁定撤销原判决发回原审人民法院重审，或者查清事实后改判；原判决遗漏当事人或者违法缺席判决等严重违反法定程序的，裁定撤销原判决，发回原审人民法院重审。

（4）二审期限

人民法院审理对判决的上诉案件，应当在第二审立案之日起三个月内审结。有特殊情况需要延长的，由本院院长批准。人民法院审理对裁定的上诉案件，应当在第二审立案之日起三十日内作出终审裁定。第二审人民法院的判决、裁定，是终审的判决、裁定。

4. 审判监督程序

（1）审判监督程序的提起

各级人民法院院长对本院已经发生法律效力的判决、裁定、调解书，发现确有错误，认为需要再审的，应当提交审判委员会讨论决定。上级人民法院对下级人民法院已经发生法律效力的判决、裁定、调解书，发现确有错误的，有权提审或者指令下级人民法院再审。

最高人民检察院对各级人民法院已经发生法律效力的判决、裁定，上级人民检察院对下级人民法院已经发生法律效力的判决、裁定，发现有应当再审的情形的，或者发现调解书损害国家利益、社会公共利益的，应当提出抗诉。

当事人对已经发生法律效力的判决、裁定，认为有错误的，可以向上一级人民法院申请再审；当事人一方人数众多或者当事人双方为公民的案件，也可以向原审人民法院申请再审。当事人申请再审，应当在判决、裁定发生法律效力后六个月内提出，应当提交再审申请书、原审裁判文书等材料。

（2）应当再审的情形

当事人的申请符合下列情形之一的，人民法院应当再审：①有新的证据，足以推翻原判决、裁定的；②原判决、裁定认定的基本事实缺乏证据证明的；③原判决、裁定认定事实的主要证据是伪造的；④原判决、裁定认定事实的主要证据未经质证的；⑤对审理案件需要的主要证据，当事人因客观原因不能自行收集，书面申请人民法院调查收集，人民法院未调查收集的；⑥原判决、裁定适用法律确有错误的；⑦审判组织的组成不合法或者依法应当回避的审判人员没有回避的；⑧无诉讼行为能力人未经法定代理人代为诉讼或者应当参加诉讼的当事人，因不能归责于本人或者其诉讼代理人的事由，未参加诉讼的；⑨违反法律规定，剥夺当事人辩论权利的；⑩未经传票传唤，缺席判决的；⑪原判决、裁定遗漏或者超出诉讼请求的；⑫据以作出原判决、裁定的法律文书被撤销或者变更的；⑬审判人员审理该案件时有贪污受贿，徇私舞弊，枉法裁判行为的。

当事人对已经发生法律效力的调解书，提出证据证明调解违反自愿原则或者调解协议的内容违反法律的，可以申请再审。经人民法院审查属实的，应当再审。但是，当事人对已经发生法律效力的解除婚姻关系的判决、调解书不得申请再审。

（3）再审审理的裁判

人民法院按照审判监督程序再审的案件，发生法律效力的判决、裁定是由第一审法院作出的，按照第一审程序审理，所作的判决、裁定，当事人可以上诉；发生法律效力的判决、裁定是由第二审法院作出的，按照第二审程序审理，所作的判决、裁定，是发生法律效力的判决、裁定；上级人民法院按照审判监督程序提审的，按照第二审程序审理，所作的判决、裁定是发生法律效力的判决、裁定。

5. 执行程序

（1）执行管辖

发生法律效力的民事判决、裁定，以及刑事判决、裁定中的财产部分，由第一审人民法院或者由第一审人民法院同级的被执行的财产所在地人民法院执行。法律规定由人民法院执行的其他法律文书，由被执行人住所地或者被执行的财产所在地人民法院执行。

人民法院自收到申请执行书之日起超过六个月未执行的，申请执行人可以向上一级人民法院申请执行。上一级人民法院经审查，可以责令原人民法院在一定期限内执行，也可以决定由本院执行或者指令其他人民法院执行。

（2）申请执行的期间

发生法律效力的民事判决、裁定，当事人必须履行。一方拒绝履行的，对方当事人可以向人民法院申请执行，也可以由审判员移送执行员执行。调解书和其他应当由人民法院执行的法律文书，当事人必须履行，一方拒绝履行的，对方当事人可以向人民法院申请执行。

申请执行的期间为二年。申请执行的时间，从法律文书规定履行期间的最后一日起计算；法律文书规定分期履行的，从规定的每次履行期间的最后一日起计算；法律文书未规定履行期间的，从法律文书生效之日起计算。

（3）执行措施

被执行人未按执行通知履行法律文书确定的义务，人民法院有权向有关单位查询被执行人的存款、债券、股票、基金份额等财产情况，根据不同情形扣押、冻结、划拨、变价被执行人的财产；人民法院有权扣留、提取被执行人应当履行义务部分的收入，但应当保留被执行人及其所扶养家属的生活必需费用；人民法院有权查封、扣押、冻结、拍卖、变卖被执行人应当履行义务部分的财产，但应当保留被执行人及其所扶养家属的生活必需品。

被执行人未按判决、裁定和其他法律文书指定的期间履行给付金钱义务的，应当加倍支付迟延履行期间的债务利息。被执行人未按判决、裁定和其他法律文书指定的期间履行其他义务的，应当支付迟延履行金。

被执行人不履行法律文书确定的义务的，人民法院可以对其采取或者通知有关单位协助采取限制出境，在征信系统记录、通过媒体公布不履行义务信息以及法律规定的其他措施。

第二节 刑事诉讼法

一、刑事诉讼法概述

1. 刑事诉讼法的基本原则

（1）侦查、检察、审判权由专门机关依法行使

在刑事诉讼中，公安机关负责案件的侦查、拘留、执行逮捕、预审，人民检察院负责案件的检察、批准逮捕、检察机关直接受理的案件的侦查、提起公诉，人民法院负责案件的审判。

（2）严格遵守法律程序

人民法院、人民检察院和公安机关进行刑事诉讼，必须严格遵守刑事诉讼法和其他法律的有关规定，不得违反法律规定的程序和规则，更不得侵害各方当事人和其他诉讼参与人的合法权益。人民法院、人民检察院和公安机关在诉讼活动中违反法律规定的程序和规则的，有关当事人和其他诉讼参与人有权依法提出申诉和控告，有违反法律程序行为的机关应依法承担相应的法律后果。

（3）分工负责、互相配合、互相制约

人民法院、人民检察院和公安机关进行刑事诉讼，应当分工负责，互相配合，互相制约，以保证准确有效地执行法律。分工负责、互相配合、互相制约，密切相关缺一不可。分工负责是前提，互相配合和制约是三机关依法行使职权、顺利进行刑事诉讼的保证，有利于案件的正确处理和法律的准确执行。

（4）犯罪嫌疑人、被告人有权获得辩护

犯罪嫌疑人、被告人在整个刑事诉讼过程中都有权为自己辩护。侦查机关在第一次讯问犯罪嫌疑人或者对犯罪嫌疑人采取强制措施的时候，应当告知犯罪嫌疑人有权委托辩护人。人民检察院自收到移送审查起诉的案

件材料之日起三日以内，应当告知犯罪嫌疑人有权委托辩护人。人民法院自受理案件之日起三日以内，应当告知被告人有权委托辩护人。侦查机关、人民检察院、人民法院应当保障犯罪嫌疑人、被告人及其辩护人的依法辩护行为不受干扰。

（5）未经人民法院依法判决，对任何人都不得确定有罪

在刑事诉讼中，确定被告人有罪的权利的审判权只能由人民法院统一行使，其他任何机关、团体和个人都无权行使。审判权包括定罪权与量刑权，人民法院是唯一有权确定某人有罪和判处刑罚的机关。人民法院的判决必须依法作出，要经过开庭审理查明事实，以法律为依据作出有罪的判决并且公开宣告，未经法律规定的诉讼程序，人民法院不得确定任何人有罪。

2. 刑事诉讼的法院管辖

（1）级别管辖

基层人民法院管辖第一审普通刑事案件，但是依照刑事诉讼法由上级人民法院管辖的除外。中级人民法院管辖的第一审刑事案件包括危害国家安全、恐怖活动案件；可能判处无期徒刑、死刑的案件。高级人民法院管辖的第一审刑事案件，是全省（自治区、直辖市）性的重大刑事案件。最高人民法院管辖的第一审刑事案件，是全国性的重大刑事案件。

（2）地域管辖

刑事案件由犯罪地的人民法院管辖。如果由被告人居住地的人民法院审判更为适宜的，可以由被告人居住地的人民法院管辖。几个同级人民法院都有权管辖的案件，由最初受理的人民法院审判。在必要的时候，可以移送主要犯罪地的人民法院审判。

二、刑事强制措施

1. 拘传

拘传，是指公安机关、人民检察院、人民法院对未被羁押的犯罪嫌疑人、被告人，依法传唤到其所在市、县内的指定地点或者到其住处接受讯问的强制措施。

拘传持续的时间不得超过十二小时，案情特别重大、复杂需要采取拘留、逮捕措施的，拘传持续的时间不得超过二十四小时。不得以连续传唤、拘传的形式变相拘禁犯罪嫌疑人。

2. 取保候审

取保候审，是指公安机关、人民检察院、人民法院责令犯罪嫌疑人、被告人提供保证人或者缴纳保证金，保证犯罪嫌疑人、被告人不逃避或者妨碍侦查、起诉和审判，并保证随传随到的强制措施。

取保候审由公安机关执行，最长不得超过十二个月。被取保候审的犯罪嫌疑人、被告人应当遵守以下规定：①未经执行机关批准不得离开所居住的市、县；②住址、工作单位和联系方式发生变动的，在二十四小时以内向执行机关报告；③在传讯的时候及时到案；④不得以任何形式干扰证人作证；⑤不得毁灭、伪造证据或者串供。

3. 监视居住

监视居住，是指人民法院、人民检察院、公安机关在对符合逮捕条件但具有法定情形的犯罪嫌疑人、被告人，在一定期限内不得离开其住处或者指定居所，并对其活动加以监视、控制的强制措施。监视居住应当在犯罪嫌疑人、被告人的住处执行；无固定住处的，可以在指定的居所执行。对于涉嫌危害国家安全犯罪、恐怖活动犯罪，在住处执行可能有碍侦查的，经上一级公安机关批准，也可以在指定的居所执行，但是不得在羁押场所、专门的办案场所执行。

监视居住由公安机关执行，最长不得超过六个月。被监视居住的犯罪嫌疑人、被告人应当遵守以下规定：①未经执行机关批准不得离开执行监视居住的处所；②未经执行机关批准不得会见他人或者通信；③在传讯的时候及时到案；④不得以任何形式干扰证人作证；⑤不得毁灭、伪造证据或者串供；⑥将护照等出入境证件、身份证件、驾驶证件交执行机关保存。

4. 拘留

拘留，是指公安机关、人民检察院等侦查机关，在侦查过程中遇到紧急情况时，临时剥夺现行犯或者重大嫌疑分子人身自由的强制方法。

对于现行犯或者重大嫌疑分子，具有下列情形之一的可以先行拘留：①正在预备犯罪、实行犯罪或者在犯罪后即时被发觉的；②被害人或者在场亲眼看见的人指认他犯罪的；③在身边或者住处发现有犯罪证据的；④犯罪后企图自杀、逃跑或者在逃的；⑤有毁灭、伪造证据或者串供可能的；⑥不讲真实姓名、住址，身份不明的；⑦有流窜作案、多次作案、结伙作案重大嫌疑的。

公安机关拘留人的时候，必须出示拘留证。拘留后，应当立即将被拘留人送看守所羁押，至迟不得超过二十四小时，除无法通知或者涉嫌危害国家安全罪、恐怖活动犯罪通知可能有碍侦查的情形以外，应当在二十四小时以内通知被拘留人的家属。公安机关对被拘留的人，应当在二十四小时以内进行讯问。在发现不应当拘留的时候，必须立即释放，发给释放证明。拘留的期限一般不超过十四日，流窜作案、多次作案、结伙作案的重大嫌疑分子最长不超过三十七日。

5. 逮捕

逮捕，是指公安机关、人民检察院和人民法院，为了防止犯罪嫌疑人或者被告人实施妨碍刑事诉讼的行为，逃避侦查、起诉、审判或者发生社会危险性，依法剥夺其人身自由予以羁押的强制措施。

对有证据证明有犯罪事实，可能判处徒刑以上刑罚的犯罪嫌疑人、被告人，采取取保候审尚不足以防止发生下列社会危险性的，应当予以逮捕：①可能实施新的犯罪的；②有危害国家安全、公共安全或者社会秩序的现实危险的；③可能毁灭、伪造证据，干扰证人作证或者串供的；④可能对被害人、举报人、控告人实施打击报复的；⑤企图自杀或者逃跑的。被取保候审、监视居住的犯罪嫌疑人、被告人违反规定情节严重的，可以予以逮捕。

逮捕犯罪嫌疑人、被告人，必须经过人民检察院批准或者人民法院决定，由公安机关执行。逮捕后，应当立即将被逮捕人送看守所羁押。除无法通知的以外，应当在逮捕后二十四小时以内，通知被逮捕人的家属。人民法院、人民检察院对于各自决定逮捕的人，公安机关对于经人民检察院批准逮捕的人都必须在逮捕后的二十四小时以内进行讯问。在发现不应当逮捕的时候，必须立即释放，发给释放证明。

三、刑事诉讼程序

1. 立案侦查

立案，是指公安机关、人民检察院发现犯罪事实或犯罪嫌疑人，或者公安机关、人民检察院、人民法院对于报案、控告、举报和自首的材料，以及自诉人起诉的材料，按照各自的管辖范围进行审查后，决定作为刑事案件进行侦查或者审判的一种诉讼活动。

侦查，是指公安机关、人民检察院对于刑事案件，依照法律进行的收集证据、查明案情的工作和有关的强制性措施。对已经立案的刑事案件，侦查机关应当进行侦查，收集、调取犯罪嫌疑人有罪或者无罪、罪轻或者罪重的证据材料。侦查机关的侦查行为包括讯问犯罪嫌疑人，询问证人，勘验、检查，搜查，查封、扣押物证、书证，鉴定，技术侦察措施，通缉等。

公安机关侦查终结的案件，应当做到犯罪事实清楚，证据确实、充分，并且写出起诉意见书，连同案卷材料、证据一并移送同级人民检察院审查决定；同时将案件移送情况告知犯罪嫌疑人及其律师。在侦查过程中，发现不应对犯罪嫌疑人追究刑事责任的，应当撤销案件；犯罪嫌疑人已被逮捕的，应当立即释放，发给释放证明，并且通知原批准逮捕的人民检察院。人民检察院侦查终结的案件，应当作出提起公诉、不起诉或者撤销案件的决定。对犯罪嫌疑人逮捕后的侦查羁押期限不得超过二个月。案情复杂、期限届满不能终结的案件，可以经上一级人民检察院批准延长一个月。

2. 提起公诉

人民检察院对于监察机关移送起诉的案件，依照刑事诉讼法和监察法的有关规定进行审查。人民检察院经审查，认为需要补充核实的，应当退回监察机关补充调查，必要时可以自行补充侦查。对于监察机关移送起诉的已采取留置措施的案件，人民检察院应当对犯罪嫌疑人先行拘留，留置措施自动解除。人民检察院应当在拘留后的十日以内作出是否逮捕、取保候审或者监视居住的决定。在特殊情况下，决定的时间可以延长一日至四日。人民检察院决定采取强制措施的期间不计入审查起诉期限。

人民检察院审查案件，对于需要补充侦查的，可以退回公安机关补充侦查，也可以自行侦查。对于补充侦查的案件，应当在一个月以内补充侦查完毕。补充侦查以二次为限。补充侦查完毕移送人民检察院后，人民检察院重新计算审查起诉期限。对于二次补充侦查的案件，人民检察院仍然认为证据不足，不符合起诉条件的，应当作出不起诉的决定。

人民检察院认为犯罪嫌疑人的犯罪事实已经查清，证据确实、充分，依法应当追究刑事责任的，应当作出起诉决定，按照审判管辖的规定，向人民法院提起公诉，并将案卷材料、证据移送人民法院。犯罪嫌疑人没有犯罪事实，或者有免予追究刑事责任的情形的，人民检察院应当作出不起诉决定。对于犯罪情节轻微，依照刑法规定不需要判处刑罚或者免除刑罚的，人民检察院可以作出不起诉决定。

人民检察院对于监察机关、公安机关移送起诉的案件，应当在一个月以内作出决定，重大、复杂的案件，可以延长十五日；犯罪嫌疑人认罪认罚，符合速裁程序适用条件的，应当在十日以内作出决定，对可能判处的有期徒刑超过一年的，可以延长至十五日。

3. 第一审程序

(1) 第一审普通程序

① 审理前的准备　人民法院对于提起公诉的案件决定开庭审判后，应当确定合议庭的组成人员，将人民检察院的起诉书副本至迟在开庭十日以前送达被告人及其辩护人。

人民法院确定开庭日期后，应当将开庭的时间、地点通知人民检察院，传唤当事人，通知辩护人、诉讼代理人、证人、鉴定人和翻译人员，传票和通知书至迟在开庭三日以前送达。公开审判的案件，应当在开庭三日以前先期公布案由、被告人姓名、开庭时间和地点。

② 开庭审理　开庭审理前，书记员应当查明公诉人、当事人、证人及其他诉讼参与人是否到庭，宣读法庭规则。

开庭的时候，审判长查明当事人是否到庭，宣布案由；宣布合议庭的组成人员、书记员、公诉人、辩护人、诉讼代理人、鉴定人和翻译人员的名单；告知当事人有权对合议庭组成人员、书记员、公诉人、鉴定人和翻译人员申请回避；告知被告人享有辩护权利。

③ 法庭调查　审判长宣布法庭调查由公诉人宣读起诉书后，被告人、被害人可以就起诉书指控的犯罪进行陈述，公诉人可以讯问被告人。被害人、附带民事诉讼的原告人和辩护人、诉讼代理人，经审判长许可，可以向被告人发问。审判人员可以讯问被告人。

公诉人、当事人或者辩护人、诉讼代理人申请证人、鉴定人出庭作证，出示证据的，应当说明证据的名称、来源和拟证明的事实。举证方当庭出示证据后，由对方进行辨认并发表意见，双方可以互相质问、辩论。

法庭审理过程中，对与定罪、量刑有关的事实、证据都应当进行调查、辩论。经审判长许可，公诉人、当事人和辩护人、诉讼代理人可以对证据和案件情况发表意见、并且可以互相辩论。

④ 法庭辩论　合议庭认为案件事实已经调查清楚的，应当由审判长宣布法庭调查结束，开始就定罪、量刑的事实、证据和适用法律等问题进行法庭辩论。法庭辩论进行顺序：公诉人发言，被害人及其诉讼代理人发言，被告人自行辩护，辩护人辩护，控辩双方进行辩论。

审判长宣布法庭辩论终结后，合议庭应当保证被告人充分行使最后陈述的权利。被告人在最后陈述中多次重复自己的意见的，审判长可以制止。陈述内容蔑视法庭、公诉人，损害他人及社会公共利益，或者与本案无关的，应当制止。

⑤ 宣告判决　在被告人最后陈述后，审判长宣布休庭，合议庭进行评议，根据已经查明的事实、证据和有关的法律规定，分别作出以下判决：a. 案件事实清楚，证据确实、充分，依据法律认定被告人有罪的，应当作出有罪判决；b. 依据法律认定被告人无罪的，应当作出无罪判决；c. 证据不足，不能认定被告人有罪的，应当作出证据不足、指控的犯罪不能成立的无罪判决。当庭宣告判决的，应当在五日内将判决书送达当事人或提起公诉的人民检察院。定期宣告判决的，应当在宣告后立即将判决书送达当事人和提起公诉的人民检察院。宣告判决，一律公开进行。

⑥ 审理期限　人民法院审理公诉案件，应当在受理后二个月以内宣判，至迟不得超过三个月。对于可能判处死刑或者附带民事诉讼等案件，经上一级人民法院批准可以延长三个月；因特殊情况还需要延长的报请最高人民法院批准；适用速裁程序审理案件，人民法院应当在受理后十日以内审结，对可能判处的有期徒刑超过一年的可以延长至十五日。

(2) 第一审简易程序

① 简易程序的适用　基层人民法院管辖的下列案件，可以适用简易程序审判：a. 案件事实清楚、证据充分的；b. 被告人承认自己所犯罪行，对指控的犯罪事实没有异议的；c. 被告人对适用简易程序没有异议的。

有下列情形之一的案件，不适用简易程序：a. 被告人是盲、聋、哑人，或者是尚未完全丧失辨认或者控制自己行为能力的精神病人的；b. 有重大社会影响的；c. 共同犯罪案件中部分被告人不认罪或者对适用简易程序有异议的；d. 其他不宜适用简易程序审理的。

② 简易程序的审理　适用简易程序审理案件，审判人员应当询问被告人对指控的犯罪事实的意见，告知被告人适用简易程序审理的法律规定，确认被告人是否同意适用简易程序审理；经审判人员许可，被告人及其辩护人可以同公诉人、自诉人及其诉讼代理人互相辩论；不受送达期限、讯问被告人、询问证人、鉴定人、出示证据、法庭辩论程序规定的限制，但在判决宣告前应当听取被告人的最后陈述意见。

③ 简易程序的期限　适用简易程序审理案件，人民法院应当在受理后二十日以内审结；对可能判处的有期徒刑超过三年的，可以延长至一个半月。

4. 第二审程序

(1) 上诉和抗诉

被告人、自诉人和他们的法定代理人，不服地方各级人民法院第一审的判决、裁定，有权向上一级人民法院上诉，被告人的辩护人和近亲属经被告人同意可以提出上诉。地方各级人民检察院认为本级人民法院第一审的判决、裁定确有错误的时候，应当向上一级人民法院提出抗诉。

不服判决的上诉和抗诉的期限为十日，不服裁定的上诉和抗诉的期限为五日，从接到判决书、裁定书的第二日起算。

(2) 二审审理

第二审人民法院应当就第一审判决认定的事实和适用法律进行全面审查，不受上诉或者抗诉范围的限制。共同犯罪的案件只有部分被告人上诉的，应当对全案进行审查，一并处理。

被告人对第一审认定的事实及证据提出异议可能影响定罪量刑的上诉案件，被告人被判处死刑的上诉案件，人民检察院抗诉的案件，第二审人民法院应当组成合议庭开庭审理。第二审人民法院决定不开庭审理的，应当讯问被告人，听取其他当事人、辩护人、诉讼代理人的意见。

(3) 二审裁判

第二审人民法院对不服第一审判决的上诉、抗诉案件，经过审理后，原判决认定事实和适用法律正确、量刑适当的，应当裁定驳回上诉或者抗诉，维持原判；原判决认定事实没有错误，但适用法律有错误或者量刑不当的，应当改判；原判决事实不清楚或者证据不足的，可以在查清事实后改判，也可以裁定撤销原判发回原审人民法院重新审判；第一审人民法院审理违反诉讼程序的可能影响公正审批的，应当裁定撤销原判，发回原审人民法院重新审判。

第二审人民法院审理被告人或者他的法定代理人、辩护人、近亲属上诉的案件，不得加重被告人的刑罚。第二审人民法院发回原审人民法院重新审判的案件，除有新的犯罪事实，人民检察院补充起诉的以外，原审人民法院也不得加重被告人的刑罚。人民检察院提出抗诉或者自诉人提出上诉的，不受前款规定的限制。

（4）二审期限

第二审人民法院受理上诉、抗诉案件，应当在二个月以内审结。对于可能判处死刑或者附带民事诉讼等案件，经省、自治区、直辖市高级人民法院批准或者决定，可以延长二个月；因特殊情况还需要延长的，报请最高人民法院批准。第二审的判决、裁定和最高人民法院的判决、裁定，都是终审的判决、裁定。

5. 审判监督程序

（1）审判监督程序的提起

当事人及其法定代理人、近亲属，对已经发生法律效力的判决、裁定，可以向人民法院或者人民检察院提出申诉，但是不能停止判决、裁定的执行。

各级人民法院院长对本院已经发生法律效力的判决和裁定，如果发现在认定事实上或者在适用法律上确有错误，必须提交审判委员会处理。上级人民法院对下级人民法院已经发生法律效力的判决和裁定，如果发现确有错误，有权提审或者指令下级人民法院再审。

上级人民检察院对下级人民法院已经发生法律效力的判决和裁定，如果发现确有错误，有权按照审判监督程序向同级人民法院提出抗诉。

（2）重新审判的情形

当事人及其法定代理人、近亲属的申诉符合下列情形之一的，人民法院应当重新审判：①有新的证据证明原判决、裁定认定的事实确有错误，可能影响定罪量刑的；②据以定罪量刑的证据不确实、不充分、依法应当予以排除，或者证明案件事实的主要证据之间存在矛盾的；③原判决、裁定适用法律确有错误的；④违反法律规定的诉讼程序，可能影响公正审判的；⑤审判人员在审理该案件的时候，有贪污受贿，徇私舞弊，枉法裁判行为的。

（3）重新审理的裁判

人民法院按照审判监督程序重新审判的案件，由原审人民法院审理的，应当另行组成合议庭进行。如果原来是第一审案件，应当依照第一审程序进行审判，所作的判决、裁定，可以上诉、抗诉；如果原来是第二审案件，或者上级人民法院提审的案件，应当依照第二审程序进行审判，所作的判决、裁定，是终审的判决、裁定。人民法院按照审判监督程序重新审判的案件，应当在作出提审、再审决定之日起三个月以内审结，需要延长期限的，不得超过六个月。

6. 执行程序

（1）死刑的执行

最高人民法院判处和核准的死刑立即执行的判决，应当由最高人民法院院长签发执行死刑的命令。被判处死刑缓期二年执行的罪犯，在死刑缓期执行期间，如果故意犯罪，查证属实应当执行死刑，由高级人民法院报请最高人民法院核准。下级人民法院接到最高人民法院执行死刑的命令后，应当在七日以内交付执行，采用枪决或者注射等方法执行。

（2）死刑缓期二年执行、无期徒刑、有期徒刑、拘役的执行

对被判处死刑缓期二年执行、无期徒刑、有期徒刑的罪犯，由公安机关将罪犯送交监狱劳动改造执行刑罚。对被判处有期徒刑的罪犯，在被交付执行刑罚前，剩余刑期在三个月以下的，由看守所代为执行。对被判处拘役的罪犯，由公安机关执行。

（3）管制、宣告缓刑、假释或者暂予监外执行的执行

对被判处管制、宣告缓刑、假释或者暂予监外执行的罪犯，依法实行社区矫正，由社区矫正机构负责执行。

(4) 剥夺政治权利、罚金、没收财产的执行

对被判处剥夺政治权利的罪犯，由公安机关执行。执行期满，应当由公安机关书面通知本人及其所在单位、居住地基层组织。被判处罚金的罪犯，期满不缴纳的，人民法院应当强制缴纳；如果由于遭遇不能抗拒的灾祸缴纳确实有困难的，经人民法院裁定可以延期缴纳、酌情减少或者免除。没收财产的判决，无论附加适用或者独立适用，都由人民法院执行；在必要的时候，可以会同公安机关执行。

第三节 行政诉讼法

一、行政诉讼法概述

1. 行政诉讼的受案范围

公民、法人或者其他组织认为行政机关和行政机关工作人员的行政行为侵犯其合法权益，有权依法向人民法院提起行政诉讼。

(1) 人民法院受理的行政诉讼

① 行政处罚案件　对行政拘留、暂扣或者吊销许可证和执照、责令停产停业、没收违法所得、没收非法财物、罚款、警告等行政处罚不服的。

② 行政强制案件　对限制人身自由或者对财产的查封、扣押、冻结等行政强制措施和行政强制执行不服的。

③ 行政许可案件　申请行政许可，行政机关拒绝或者在法定期限内不予答复，或者对行政机关作出的有关行政许可的其他决定不服的。

④ 行政确认案件　对行政机关作出的关于确认土地、矿藏、水流、森林、山岭、草原、荒地、滩涂、海域等自然资源的所有权或者使用权的决定不服的。

⑤ 行政征补案件　对征收、征用决定及其补偿决定不服的。

⑥ 行政渎职案件　申请行政机关履行保护人身权、财产权等合法权益的法定职责，行政机关拒绝履行或者不予答复的。

⑦ 行政侵权案件　认为行政机关侵犯其经营自主权或者农村土地承包经营权、农村土地经营权的。

⑧ 行政滥权案件　认为行政机关滥用行政权力排除或者限制竞争的。

⑨ 行政违法案件　认为行政机关违法集资、摊派费用或者违法要求履行其他义务的。

⑩ 行政保障案件　认为行政机关没有依法支付抚恤金、最低生活保障待遇或者社会保险待遇的。

⑪ 行政协议案件　认为行政机关不依法履行、未按照约定履行或者违法变更、解除政府特许经营协议、土地房屋征收补偿协议等协议的。

⑫ 其他行政案件　认为行政机关侵犯其他人身权、财产权等合法权益的。

（2）人民法院不受理的行政诉讼

① 国家行为　国防、外交等行为，涉及国家根本政治制度的维护和国家主权的运用，由国家承担法律责任。

② 抽象行政行为　行政机关针对不特定的对象制定和发布的具有普遍约束力规范性文件的行政行为，包括行政法规、规章或者行政机关制定、发布的具有普遍约束力的决定、命令。

③ 内部行政行为　行政机关作出的涉及其工作人员的权利和义务的决定，包括行政机关对行政机关工作人员的奖惩、任免等，工作人员对所属行政机关作出的内部行政行为不服不能向人民法院提起诉讼。

④ 行政终裁行为　法律规定由行政机关最终裁决的行政行为，行政行为相对人不服不能向人民法院提起诉讼。如《中华人民共和国行政复议法》第三十条第二款规定："根据国务院或者省、自治区、直辖市人民政府对行政区划的勘定、调整或者征收土地的决定，省、自治区、直辖市人民政府确认土地、矿藏、水流、森林、山岭、草原、荒地、滩涂、海域等自然资源的所有权或者使用权的行政复议决定为最终裁决。"

2. 行政诉讼的法院管辖

（1）级别管辖

基层人民法院管辖第一审行政案件。中级人民法院管辖下列第一审行政案件：对国务院部门或者县级以上地方人民政府所作的行政行为提起诉讼的案件；海关处理的案件；本辖区内重大、复杂的案件；其他法律规定由中级人民法院管辖的案件。高级人民法院管辖本辖区内重大、复杂的第一审行政案件。最高人民法院管辖全国范围内重大、复杂的第一审行政案件。

（2）地域管辖

行政案件由最初作出行政行为的行政机关所在地人民法院管辖。经复议的案件，也可以由复议机关所在地人民法院管辖。经最高人民法院批准，高级人民法院可以根据审判工作的实际情况，确定若干人民法院跨行政区域管辖行政案件。

对限制人身自由的行政强制措施不服提起的诉讼，由被告所在地或者原告所在地人民法院管辖。因不动产提起的行政诉讼，由不动产所在地人民法院管辖。

二、行政诉讼程序

1. 起诉和受理

（1）先复议再诉讼

公民、法人或者其他组织认为具体行政行为侵犯其合法权益的，可以自知道该具体行政行为之日起六十日内先向行政机关申请行政复议；对复议决定不服的，可以在收到复议决定书之日起十五日内向人民法院提起诉讼。

法律、法规规定应当先向行政机关申请复议，对复议决定不服再向人民法院提起诉讼的，依照法律、法规的规定。如《中华人民共和国行政复议法》第三十条第一款规定："公民、法人或者其他组织认为行政机关的具体行政行为侵犯其已经依法取得的土地、矿藏、水流、森林、山岭、草原、荒地、滩涂、海域等自然资源的所有权或者使用权的，应当先申请行政复议；对行政复议决定不服的，可以依法向人民法院提起行政诉讼。"

（2）直接提起诉讼

公民、法人或者其他组织对行政机关的行政行为不服的，可以直接向人民法院提起诉讼，应当自知道或者应当知道作出行政行为之日起六个月内提出。但是，因不动产提起诉讼的案件自行政行为作出之日起超过二十年，其他案件自行政行为作出之日起超过五年提起诉讼的，人民法院不予受理。

(3) 行政诉讼的提起

提起诉讼应当符合的条件包括原告是行政行为的相对人以及其他与行政行为有利害关系的公民、法人或者其他组织；有明确的被告；有具体的诉讼请求和事实根据；属于人民法院受案范围和受诉人民法院管辖。起诉应当向人民法院递交起诉状，并按照被告人数提出副本。

(4) 行政诉讼的受理

人民法院在接到起诉状时对符合本法规定的起诉条件的，应当登记立案。不符合起诉条件的，作出不予立案的裁定。人民法院既不立案，又不作出不予立案裁定的，当事人可以向上一级人民法院起诉。

2. 第一审程序

(1) 第一审普通程序

① 审理前的准备　人民法院应当在立案之日起五日内，将起诉状副本发送被告。被告应当在收到起诉状副本之日起十五日内向人民法院提交作出行政行为的证据和所依据的规范性文件，并提出答辩状。被告不提出答辩状的，不影响人民法院审理。

② 开庭审理　人民法院审理行政案件的开庭审理程序没有规定，适用《中华人民共和国民事诉讼法》的关于民事诉讼的相关规定包括宣布开庭、法庭调查、法庭辩论、宣告判决等审理程序。

③ 审理期限　人民法院应当在立案之日起六个月内作出第一审判决。有特殊情况需要延长的由高级人民法院批准，高级人民法院审理第一审案件需要延长的由最高人民法院批准。

(2) 第一审简易程序

① 简易程序的条件　人民法院审理下列第一审行政案件，认为事实清楚、权利义务关系明确、争议不大的，可以适用简易程序：a. 被诉行政行为是依法当场作出的；b. 案件涉及款额二千元以下的；c. 属于政府信息公开案件的。

② 简易程序的期限　适用简易程序审理的行政案件，由审判员一人

独任审理，并应当在立案之日起四十五日内审结。

3. 第二审程序

(1) 上诉的提起

当事人不服人民法院第一审判决的，有权在判决书送达之日起十五日内向上一级人民法院提起上诉。当事人不服人民法院第一审裁定的，有权在裁定书送达之日起十日内向上一级人民法院提起上诉。逾期不提起上诉的，人民法院的第一审判决或者裁定发生法律效力。

(2) 二审审理

对于上诉案件，人民法院应当组成合议庭，开庭审理。经过阅卷、调查和询问当事人，对没有提出新的事实、证据或者理由，合议庭认为不需要开庭审理的，也可以不开庭审理。

人民法院审理上诉案件，应当对原审人民法院的判决、裁定和被诉行政行为进行全面审查。

(3) 二审裁判

人民法院审理上诉案件，按照不同情形，分别处理。原判决、裁定认定事实清楚，适用法律、法规正确的，驳回上诉，维持原判决、裁定；原判决、裁定认定事实错误或者适用法律、法规错误的，依法改判、撤销或者变更；原判决认定基本事实不清、证据不足的，发回原审人民法院重审，或者查清事实后改判；原判决遗漏当事人或者违法缺席判决等严重违反法定程序的，裁定撤销原判决，发回原审人民法院重审。

(4) 二审期限

人民法院审理上诉案件，应当在收到上诉状之日起三个月内作出终审判决。有特殊情况需要延长的由高级人民法院批准，高级人民法院审理上诉案件需要延长的，由最高人民法院批准。

4. 审判监督程序

(1) 审判监督程序的提起

当事人对已经发生法律效力的判决、裁定，认为确有错误的，可以向上一级人民法院申请再审，但判决、裁定不停止执行。

各级人民法院院长对本院已经发生法律效力的判决、裁定，发现符合应当再审的情形，或者发现调解违反自愿原则或者调解书内容违法，认为需要再审的，应当提交审判委员会讨论决定。上级人民法院对下级人民法院已经发生法律效力的判决、裁定，发现符合应当再审的情形，或者发现调解违反自愿原则或者调解书内容违法的，有权提审或者指令下级人民法院再审。

上级人民检察院对下级人民法院已经发生法律效力的判决、裁定，发现符合应当再审的情形，或者发现调解书损害国家利益、社会公共利益的，应当向同级人民法院提出抗诉。

（2）应当再审的情形

当事人的申请符合下列情形之一的，人民法院应当再审：①不予立案或者驳回起诉确有错误的；②有新的证据，足以推翻原判决、裁定的；③原判决、裁定认定事实的主要证据不足、未经质证或者系伪造的；④原判决、裁定适用法律、法规确有错误的；⑤违反法律规定的诉讼程序，可能影响公正审判的；⑥原判决、裁定遗漏诉讼请求的；⑦据以作出原判决、裁定的法律文书被撤销或者变更的；⑧审判人员在审理该案件时有贪污受贿、徇私舞弊、枉法裁判行为的。

（3）再审审理的裁判

人民法院按照审判监督程序再审的案件，发生法律效力的判决、裁定是由第一审法院作出的，按照第一审程序审理，所作的判决、裁定，当事人可以上诉；发生法律效力的判决、裁定是由第二审法院作出的，按照第二审程序审理，所作的判决、裁定，是发生法律效力的判决、裁定；上级人民法院按照审判监督程序提审的，按照第二审程序审理，所作的判决、裁定是发生法律效力的判决、裁定。

5. 执行程序

（1）对行政行为相对人的执行

公民、法人或者其他组织拒绝履行判决、裁定、调解书的，行政机关或者第三人可以向第一审人民法院申请强制执行，或者由行政机关依法强制执行。公民、法人或者其他组织对行政行为在法定期限内不提起诉讼又不履行的，行政机关可以申请人民法院强制执行，或者依法强制执行。

（2）对行政机关的执行

行政机关拒绝履行判决、裁定、调解书的，第一审人民法院可以采取下列措施：①对应当归还的罚款或者应当给付的款额，通知银行从该行政机关的账户内划拨；②在规定期限内不履行的，从期满之日起，对该行政机关负责人按日处五十元至一百元的罚款；③将行政机关拒绝履行的情况予以公告；④向监察机关或者该行政机关的上一级行政机关提出司法建议，接受司法建议的机关，根据有关规定处理，并将处理情况告知人民法院；⑤拒不履行判决、裁定、调解书，社会影响恶劣的，可以对该行政机关直接负责的主管人员和其他直接责任人员予以拘留；情节严重构成犯罪的依法追究刑事责任。

参 考 文 献

[1] 丁鸿. 农村政策与法规. 北京：中国农业出版社，2015.

[2] 王群生. 法律基础与农村政策法规. 郑州：中原农民出版社，2011.

[3] 国家司法考试辅导用书编辑委员会. 国家司法考试辅导用书. 北京：法律出版社，2017.

[4] 高其才. 法律基础. 北京：清华大学出版社，2018.

[5] 张文显. 法理学. 北京：高等教育出版社，2018.

[6] 高铭暄，马克昌. 刑法学. 北京：北京大学出版社，2017.

[7] 江平. 民法学. 北京：中国政法大学出版社，2011.

[8] 梁慧星. 民法总论. 北京：法律出版社，2017.

[9] 李昌麒. 经济法学. 北京：法律出版社，2016.

[10] 孔喜梅. 经济法. 成都：西南财经大学出版社，2010.

[11] 江伟，肖建国. 民事诉讼法. 北京：中国人民大学出版社，2018.

[12] 陈光中. 刑事诉讼法. 北京：北京大学出版社，2016.